100

HÁBITOS
DE LOS
LÍDERES
DE ÉXITO

Amat Editorial, sello editorial especializado en la publicación de temas que ayudan a que tu vida sea cada día mejor. Con más de 400 títulos en catálogo, ofrece respuestas y soluciones en las temáticas:

- Educación y familia.
- Alimentación y nutrición.
- Salud y bienestar.
- Desarrollo y superación personal.
- Amor y pareja.
- Deporte, fitness y tiempo libre.
- Mente, cuerpo y espíritu.

E-books:
Todos los títulos disponibles en formato digital están en todas las plataformas del mundo de distribución de e-books.

Manténgase informado:
Únase al grupo de personas interesadas en recibir, de forma totalmente gratuita, información periódica, newsletters de nuestras publicaciones y novedades a través del QR:

Dónde seguirnos:

 @amateditorial

    Amat Editorial

Nuestro servicio de atención al cliente:
Teléfono: **+34 934 109 793**

E-mail: **info@profiteditorial.com**

100

HÁBITOS

DE LOS

LÍDERES

DE ÉXITO

– NIGEL CUMBERLAND –

Amat
editorial

La edición original de esta obra ha sido publicada en lengua inglesa por John Murray Press (Hachette) bajo el título *100 things successful leaders do*, de Nigel Cumberland.

© Nigel Cumberland, 2026
© Profit Editorial I., S.L., 2026
  Amat Editorial es un sello de Profit Editorial I., S.L.
  Travessera de Gràcia, 18-20, 6º 2ª. 08021 Barcelona

Diseño de cubierta: XicArt
Maquetación: Fotocomposición gama, sl

ISBN: 978-84-10451-71-1
Depósito Legal: B 6122-2026
Primera edición: Mayo de 2026

Impresión: Gráficas Rey
Impreso en España - *Printed in Spain*

Este libro está dedicado a mi hijo, Zeb, a mi hijastra, Yasmine, y a todas aquellas personas que desean convertirse en líderes destacados. Deseo que cada cual encuentre su propio camino hacia el éxito en el liderazgo.

«Si tus acciones inspiran a otras personas a soñar más, aprender más, hacer más y ser mejores, entonces eres un líder».

John Quincy Adams

ÍNDICE

Nigel Cumberland

Nigel Cumberland es uno de los fundadores de The Silk Road Partnership, proveedor líder mundial de soluciones de *coaching* ejecutivo y formación en liderazgo para algunas de las organizaciones más importantes del mundo. Ha vivido y trabajado en lugares tan diversos como Hong Kong, Glasgow, Budapest, Santiago de Chile, Ciudad de Guatemala, Kuala Lumpur, Londres y Shangái, donde ha adquirido experiencia y conocimientos que le han ayudado a aprender todo lo que se necesita para tener éxito en la vida.

Anteriormente, Nigel había trabajado como director financiero multinacional en Coats, así como para algunas de las empresas de selección de personal más importantes del mundo, entre ellas, Adecco. Es miembro del Chartered Institute of Management Accountants, con sede en el Reino Unido. Fue uno de los fundadores de una reconocida y premiada empresa de selección de personal con sede en Hong Kong y China, que posteriormente vendió a Hays. Formado en la británica Universidad de Cambridge, Nigel es un *coach* ejecutivo y profesional de la formación en liderazgo con amplias cualificaciones.

Es autor de numerosos libros de autoayuda y liderazgo. Entre los más recientes se encuentran: *100 hábitos de la gente millonaria* (Amat, 2024), *The Ultimate Management Book* (John Murray Learning, 2018), *100 hábitos de la gente exitosa* (Amat, 2018), *Secrets of Success at Work: 50 Techniques to Excel* (Hodder & Stoughton, 2014), *Finding and Hiring Talent in a Week* (John Murray Learning, 2016) y *Leading Teams in a Week* (John Murray Learning, 2016).

Está casado con una mujer maravillosa, Evelyn, que se dedica al arte. Tiene dos hijos que le inspiran en lo que hace: un hijo, Zeb, y una hijastra, Yasmine.

INTRODUCCIÓN

«Todo lo que has pensado, hecho y dicho en tu vida te ha preparado para convertirte en el líder que eres hoy».

¿ Estás listo o lista para iniciar tu viaje hacia el liderazgo? Enhorabuena, has elegido el libro perfecto como guía. Estas páginas te ayudarán a dominar los hábitos, habilidades y comportamientos clave que te permitirán destacar en cualquier función de liderazgo que asumas.

El liderazgo se presenta en múltiples formas: dirigir un grupo de voluntarios por las tardes, gestionar un equipo deportivo infantil los fines de semana, llevar las riendas de una familia numerosa y ajetreada, asumir por primera vez un puesto directivo o de supervisión, poner en marcha tu propia empresa emergente en la que solo tienes que gestionarte a ti u ocupar la dirección ejecutiva de una de las multinacionales más grandes del mundo.

No importa lo pequeño o grande, lo trivial o importante que sea la tarea. El liderazgo es liderazgo. El arte de inspirar, organizar y motivar a tus hijos e hijas en casa no está tan lejos de presidir la junta directiva de éxito de uno de los grupos empresariales más grandes del mundo. Es fantástico que estés leyendo este libro y que quieras fortalecer tus conocimientos y capacidades de liderazgo. El mundo te espera para que te conviertas en el líder más increíble que seas capaz de ser.

La necesidad de un mejor liderazgo está en todas partes:

- Los Gobiernos luchan por encontrar un enfoque, por liderar no solo a su propia población, sino también a sí mismos. Muchos líderes políticos luchan incluso por llegar al final de su mandato.

- Empresas de todos los tamaños se enfrentan a tantas complejidades y competencia que sus equipos directivos se ven obligados a esforzarse al máximo para obtener buenos resultados.

- Los equipos deportivos luchan por encontrar un liderazgo constante, por lo que muchos de ellos cambian sin cesar de entrenadores y preparadores físicos.

- El sector público se enfrenta, en parte, a la falta de fondos para hacer frente a problemas como la debilidad de los sistemas educativo y sanitario, que se encuentran en muchos casos al límite de su capacidad.

....

• Numerosos escándalos nos recuerdan la debilidad del liderazgo en el seno de organizaciones muy cercanas, desde iglesias en crisis hasta la desintegración de las unidades familiares.

CUANDO PIENSAS EN ALGUIEN QUE LIDERA CON ÉXITO, ¿QUIÉN TE VIENE A LA MENTE?

Quizás sean personas que ocupan puestos de liderazgo muy visibles, formales y, a menudo, muy importantes, como Bill Gates o Volodímir Zelenski. Quizás te inspiren quienes ocupan puestos más modestos, pero igualmente cruciales, como tu jefe, tu antigua directora de colegio, el alcalde de tu localidad, un diputado o diputada, tu socio o tu cónyuge. Las 100 lecciones de este libro están pensadas para convertirte en el tipo de líder que otras personas admirarán y de quien querrán aprender.

He asesorado a cientos de líderes que trabajan en organizaciones tan diversas como las Naciones Unidas, el Banco Mundial, entidades bancarias y multinacionales globales, nuevas empresas tecnológicas, Gobiernos, escuelas u ONG, como Teach for India. He escuchado todas las aspiraciones y sueños de liderazgo que puedas imaginar. He escuchado todos los retos y dificultades a los que probablemente te enfrentarás al asumir un puesto de liderazgo.

La principal lección que he aprendido es muy sencilla: muchas personas no trabajan todos los aspectos de sus herramientas de liderazgo, lo que las lleva a infrautilizar sus habilidades y puntos fuertes, mientras se aferran a las debilidades que las frenan. Ese no va a ser tu caso. Trabajar con este libro es una oportunidad para sentarte y pensar en ti, darte tiempo para preguntarte cómo quieres evolucionar y crecer en el liderazgo, para acercar a seguidores y futuros líderes, y para explorar cómo quieres que te recuerden aquellas personas a quienes has liderado.

Considera este libro como una guía de confianza. A través de 100 capítulos breves, aprenderás a dar sentido a las piezas que necesitas encajar para alcanzar tus ambiciones de liderazgo. Explorarás lo que significa el liderazgo en tu caso concreto a través de aspectos como los siguientes:

• Autoliderazgo
• Motivaciones propias
• Estilos de liderazgo

- Mentalidad y comportamientos de liderazgo
- Pensar y comunicarse como un líder
- Motivar e inspirar a otras personas para que te sigan
- Afrontar retos de liderazgo
- Liderar a través del cambio
- Formar a otros y otras líderes y pasar el testigo

CÓMO UTILIZAR ESTE LIBRO

Cada capítulo presenta una nueva idea que te ayudará a acercarte a tus objetivos. En cada uno, las ideas se presentan y explican en la primera página, mientras que en la siguiente se incluyen ejercicios y actividades, algunos breves y otros más extensos, para que empieces a ponerlos en práctica desde el primer momento.

No pases por alto las actividades. Las tareas se han diseñado específicamente para que trabajes el enfoque, los hábitos, las habilidades, las relaciones y los comportamientos necesarios para maximizar tus posibilidades de éxito en el liderazgo. Algunas te sorprenderán, otras te supondrán un reto y otras te parecerán sencillas y obvias. Todas ellas son importantes para desarrollar el conjunto de habilidades que necesitas para acabar liderando con talento. Completarlas te pondrá en el camino para desarrollar una mentalidad de liderazgo y de esta manera podrás tener a mano una lista de tareas centrada en esta capacidad. Nada de esto es fácil de conseguir y pocas personas están dispuestas a invertir el tiempo y el esfuerzo necesarios. Sin embargo, las personas que lideran con éxito lo hacen.

¿QUIÉN SOY YO PARA HABLAR DE LIDERAZGO Y ÉXITO?

Este libro se basa en los conocimientos que he adquirido al dar consejos y asesorar a líderes de todo el mundo durante las últimas dos décadas. Desde directores generales de empresas de ámbito internacional hasta emprendedores en apuros, pasando por líderes del sector público y organizaciones benéficas o gerentes novatos que acaban de iniciar su carrera en el liderazgo, todas estas personas tienen algo que compartir sobre el camino para convertirse en alguien destacado en liderazgo. Sus experiencias se combinan con mi propia sabiduría, adquirida gracias a algunos altibajos de mis propias vivencias en el ámbito del liderazgo.

1

DESCUBRE CUÁLES SON TUS MOTIVACIONES

«Algunas personas se pasan toda la vida buscando ser líderes. Para otras, el liderazgo les viene impuesto, incluso cuando es lo último que desean».

Piensa en alguna ocasión en la que hayas aceptado una responsabilidad de liderazgo. ¿Qué te llevó a aceptarla? ¿Querrías asumir esa responsabilidad de nuevo? Es probable que la aceptaras por una combinación de razones, algunas de las cuales provienen de tu interior, empujándote a dar un paso al frente para liderar, y otras de factores externos, como las situaciones a las que te enfrentas o la presión de otras personas, que te podrían haber incitado a asumir el mando.

Cuando asesoro a líderes con experiencia, les pregunto por qué asumieron ese papel. Muchas de sus respuestas te resultarán familiares:

Razones internas	Razones externas
• «Me gusta tomar las riendas».	• «Nadie más quería liderar el proyecto, así que me ofrecí».
• «Odio quedarme de brazos cruzados».	
• «No me gusta que otras personas me dirijan».	• «Mis colegas más veteranos me rogaron que me ofreciera al puesto».
• «Alguien tenía que hacerlo».	• «Al ser mujer, me animaron a asumir el cargo como parte de una iniciativa de igualdad de género».
• «Quería un salario más elevado».	
• «Como hermano mayor, siempre he sido un líder».	• «Recibía mucha presión por parte de mis colegas».
• «No soporto que me den órdenes».	• «No tenía otra opción, ya que era la única persona adecuada».
• «Me encanta ayudar a los demás».	

Para ser un líder de éxito, debes comprender bien por qué has asumido responsabilidades de liderazgo. Puede que no te gusten las razones, puede que hayan sido todo motivaciones externas y ninguna interna, pero al comprender bien tus motivaciones podrás decidir con más éxito cómo asumirás y destacarás en tu papel de liderazgo.

✓ *Ponlo en práctica*

....

¿Eres un líder nato o sigues a líderes? En cualquier caso, es posible que tengas que ajustar tu instinto natural para sacar lo mejor de ti.

CONTROLA LA NECESIDAD OBSESIVA DE LIDERAR

Lo que te empuja a querer liderar son tus impulsos internos, definidos por tu personalidad, tu ego, tus motivaciones y tus necesidades internas. Si siempre te sientes con la obligación de tomar la iniciativa, es posible que seas una persona ambiciosa que siempre dará un paso al frente cuando surja la oportunidad. Sin embargo, esto no siempre es algo bueno. Esta tendencia puede llevarte a asumir responsabilidades de liderazgo antes de ser capaz o contar con la preparación suficiente. Corres el riesgo de fracasar tan solo porque no estabas dispuesto a esperar hasta tener más experiencia.

SUPERA LA RETICENCIA A LIDERAR

Es posible que te enfrentes al problema contrario y no tengas ningún deseo de liderar ni inclinación por destacar. No es un problema siempre y cuando consigas evitar los puestos de liderazgo, pero lo es cuando te imponen responsabilidades. Nunca es buena idea esperar a que te tiren a la piscina para aprender a nadar, así que aprovecha la oportunidad para formarte sobre temas con los que no te sientes tan a gusto y convéncete para ser una persona más asertiva y poder así superar tus preocupaciones.

NO TE DEJES INTIMIDAR PARA ACEPTAR DETERMINADAS FUNCIONES

Incluso las personas que mejor lideran dicen que no a nuevas tareas y responsabilidades de vez en cuando. Sin duda, puede haber factores persuasivos que influyan, pero nunca tengas miedo de molestar a otras personas que te están presionando. Decide si te sientes con la preparación suficiente y si quieres las responsabilidades adicionales y el reconocimiento que conllevan antes de aceptar nada.

2

CONÓCETE

«Puede resultar incómodo mirarse con atención al espejo, reflexionar y actuar en función de lo que ves».

Comprender quién eres es el primer paso para poder liderar a los demás. Esta conexión entre conocerte y liderar se basa en lo que yo denomino «las cuatro verdades»:

1. Para comprender verdaderamente a otro ser humano, primero debes conocerte a ti mismo.

2. Para liderar con éxito a alguien, debes comprender quién es y qué le motiva.

3. La capacidad de liderazgo se basa en la capacidad de liderarse uno mismo.

4. El buen autoliderazgo solo es posible cuando te comprendes en profundidad.

Estas cuatro conexiones se muestran en el siguiente diagrama.

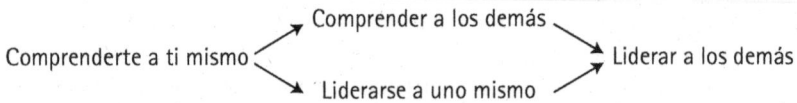

Este capítulo se centra en la primera de ellas, mientras que los capítulos posteriores exploran las otras tres. Por lo general creemos que nos conocemos bien, pero pocas personas lo hacen realmente. Trabajo con mucha gente y rara vez encuentro a alguien que comprenda bien todas sus fortalezas, debilidades, hábitos, necesidades, motivaciones, deseos, valores o rasgos de personalidad, sentimientos, emociones, prejuicios, patrones de comportamiento y pensamiento.

Algunas personas no desean reconocer, y mucho menos comprender, por qué se enfadan, se ponen celosas, se impacientan o tienen miedo de expresarse, y este desconocimiento de lo que les motiva es peligroso. Si no te comprendes, corres el riesgo de juzgar mal a las demás personas, sacar conclusiones erróneas y ser demasiado duro con las debilidades de los demás. Si crees que eres perfecto, es probable que culpes a los demás cuando las cosas no salgan según lo previsto. Este comportamiento te convertirá en un líder pésimo.

✓ *Ponlo en práctica*

....

ENFRÉNTATE A TUS DEBILIDADES, SEAN CUALES SEAN

Nadie te pide que compartas abiertamente todas tus debilidades y malos hábitos. Solo sé honesto contigo mismo y reconoce tu propia combinación de patrones y comportamientos útiles e inútiles.

El primer paso para hacerlo es observarte con una mente abierta. Intenta llevar un diario y haz alguna de las muchas pruebas de personalidad gratuitas que hay disponibles en internet, como el indicador Myers-Briggs (MBTI) y el test DISC. Otra forma es preguntar a tus amistades, familiares y colegas del trabajo más cercanos. Explícales que quieres mejorar y que, en este contexto, pueden ayudarte a comprender algunas de tus fortalezas y debilidades. Es importante que respondan con sinceridad, así que asegúrate de que sepan que quieres la verdad, aunque teman que te pueda molestar. Si no sabes bien qué preguntas hacer, elige algunas de la siguiente lista. Hazte también estas preguntas y anota tus respuestas en el diario. Compara tus respuestas con las de tus colegas, familiares y amistades.

- Cuando no consigo lo que quiero, ¿cómo respondo?
- ¿De qué manera me enfado, me pongo de mal humor o actúo de forma negativa?
- Cuando siento estrés o estoy molesto, ¿cómo tiendo a actuar y comportarme?
- ¿Qué me hace sentir celos y envidia, y cómo lo demuestro?
- ¿Cómo trato a las demás personas cuando estoy de buen humor y cuando estoy de mal humor?
- ¿Qué es lo que más te gusta y admiras de mí?
- ¿Qué es lo que más te molesta de mi forma de ser?
- ¿Qué hábito o comportamiento debería cambiar yo para convertirme en una mejor persona?

3

DESCUBRE EL ARTE DEL AUTOLIDERAZGO

«Para liderar con éxito a los demás, primero pon tu propia casa en orden».

La persona más difícil de liderar y gestionar del mundo eres tú. Lavar los platos todos los días es la analogía perfecta de lo que significa liderarse bien. No es difícil de hacer, pero ¿lo haces tú o se lo dejas a otra persona?

Como líder, puede resultar más fácil dar instrucciones a otras personas para que hagan las cosas que tú no quieres hacer. Cuando tratas con otras personas, puedes emplear todo tipo de estilos y herramientas de liderazgo, desde motivar y animar hasta obligar y amenazar. Cuando estás en soledad, lo único que tienes es el diálogo interno en tu propia cabeza, por lo que tu éxito depende de tu fuerza de voluntad, tu motivación y tu compromiso personal. Si has puesto el despertador para madrugar ante un día ajetreado, ¿te levantas de la cama como habías planeado o pulsas el botón para retrasar la alarma una y otra vez?

El autoliderazgo es el primer nivel de liderazgo y, si te cuesta conseguirlo, no es un buen augurio para tu capacidad de desempeñarte bien en los otros tipos de liderazgo que se muestran a continuación. Nunca podrás liderar con éxito y de manera consistente a otras personas, a líderes o a toda una organización si ni siquiera puedes hacerlo contigo mismo. Por eso ahora es el momento de poner tu propia casa en orden.

| Liderarse a uno mismo | Liderar a otras personas | Liderar a líderes (y sus equipos) | Liderar organizaciones/ empresas |

✓ *Ponlo en práctica*

ELABORA UN PLAN DE AUTOLIDERAZGO

El autoliderazgo implica gestionar cómo actúas, te comportas, te comunicas y utilizas el tiempo. Abarca todos los aspectos relacionados con cómo te diriges, te formas, te criticas y trabajas con tu propio yo. Para empezar a lograrlo, debes:

• Asegurarte de recordar cualquier objetivo y lista de tareas que te hayas fijado y trabajar para lograr lo que te propones.

• Mantener unos hábitos saludables mientras trabajas para erradicar aquellos que no lo son.

• Motivarte intentando hacer cosas que te gusten y que te satisfagan al completarlas.

• Aprender a decir no cuando sea necesario a las peticiones de otras personas.

• Controlar tus propias emociones y la forma en que te comunicas con las demás personas.

• Ser coherente en cómo te lideras a ti mismo y en cómo lideras a los demás. Por ejemplo, si quieres que tu equipo sea más creativo, abierto de mente o puntual, tú también debes mostrar esas mismas cualidades.

• Actuar con amabilidad, compasión y positividad contigo mismo. Siempre habrá días en los que cometas errores, olvides completar una tarea o digas algo inapropiado. Cuando suceda esto, no te exijas demasiado ni te castigues.

Busca a alguien que te ayude a hacer un seguimiento sobre tu trabajo y sobre la mejora de tus habilidades de autoliderazgo. Comparte con alguien cercano, como un colega de confianza, tus objetivos y las medidas que vas a tomar para mejorar, y pídele que te observe y te anime a seguir con tu plan.

4

NO ESPERES A ASUMIR UN GRAN PUESTO

....

«El verdadero liderazgo no comienza con un bonito puesto profesional,
un gran despacho, un coche de empresa o pertenecer a un club exclusivo».

S i solo empiezas a comportarte como un líder cuando te dan un título acorde a ello, habrás esperado demasiado y habrás perdido una oportunidad de oro para desarrollar y practicar tus habilidades en la vida y en la carrera profesional. Cuanto antes empieces a practicar, antes dominarás el arte de ser líder.

En los numerosos puestos y cargos que ocuparás tendrás muchas oportunidades para demostrar tu liderazgo. Estas oportunidades son de todo tipo y se pueden encontrar en el hogar, la escuela, la universidad y la comunidad, así como en tu lugar de trabajo. El liderazgo se manifiesta cuando:

- Abordas un problema que otros miembros de tu familia están evitando.
- Organizas reuniones con clientes cuando tu jefe está de vacaciones.
- Asumes el liderazgo informal de un equipo de proyecto cuando no hay un líder designado.
- Lo organizas todo para tus próximas vacaciones familiares.
- Organizas un torneo deportivo para clubes y asociaciones universitarias.

Estas son solo algunas de las formas en las que puedes liderar sin tener autoridad formal y todas ellas te proporcionarán una experiencia práctica. El liderazgo informal se puede practicar incluso con las tareas más pequeñas, como organizar una colecta para un colega o un encuentro con tu equipo de trabajo para relajaros después de un proyecto estresante.

Los líderes de éxito saben que la práctica lleva a la perfección y que debe comenzar lo antes posible a través de oportunidades de liderazgo informal. Sin duda, esto te llevará, con el tiempo, a un puesto oficial de supervisión o gestión.

✓ Ponlo en práctica

SUPERA TU RETICENCIA A LIDERAR DE MANERA INFORMAL

Da un paso adelante siempre que se presente la oportunidad de liderar y cuando sepas que es apropiado. Es comprensible y habitual sentir nervios y mostrar reticencias: tu mente aducirá posibles razones por las que es mejor no dar un paso adelante. Algunos ejemplos típicos son:

• Pensar que te reprenderán o ridiculizarán.

• Sentir que no es tu responsabilidad ni el lugar adecuado.

• Sentir que no eres capaz y que fracasarás.

• Preocuparte por parecer demasiado entusiasta o visible.

• Temer que tu jefe o un compañero con más antigüedad se ofenda.

• Preocuparte por que tus colegas puedan sentir envidia y celos.

Piensa de manera objetiva y honesta sobre cualquier inquietud que puedas tener, preguntándote si son simplemente excusas porque sientes incomodidad al hacer algo por primera vez o que parece fuera de lugar, o bien si la sensación de inquietud es válida y tienes un motivo para mostrar cautela.

El liderazgo informal te hace destacar

Actúa en el trabajo como si estuvieras en un centro de evaluación de liderazgo, donde se analiza y examina este potencial de los posibles nuevos empleados o del personal con alto potencial, y se les asignan ejercicios en los que quienes observan analizan quién asume el liderazgo de manera informal cuando no se han asignado roles formales en este sentido. Las personas que mejor lo acaban haciendo son aquellas que comprenden la situación en la que se encuentran y asumen el liderazgo adecuado de la actividad, el debate, el proyecto o la tarea. Estas personas recibirán las puntuaciones más altas y tendrán más probabilidades de ser contratadas o ascendidas. Así es como debes actuar en tu lugar de trabajo. Además de hacerte notar y practicar, te ayudará a decidir si realmente quieres un puesto de liderazgo formal en el futuro.

5

UTILIZA TU PODER DE PERSUASIÓN, NO TU AUTORIDAD

*«Sabes que has influido positivamente en alguien
cuando esa persona convence a otras para que sigan tu ejemplo».*

¿ Qué es más importante, la influencia o la autoridad? Quienes lideran sin experiencia suelen pensar que ser líder significa que ya no es necesario ejercer influencia, ya que se puede conseguir lo que se quiere utilizando la autoridad. Esto es peligroso por dos razones:

- La gente bajo tu responsabilidad puede parecer que acepta tus exigencias, pero si no está contenta e inspirada es poco probable que esté realmente motivada y comprometida.

- Es probable que trabajes junto a otros líderes con equipos sobre los que no tienes autoridad. No puedes tan solo dar instrucciones y órdenes a personas que no dependen directamente de ti, ya que no están obligadas a escucharte, independientemente del cargo que ocupes.

Tu jornada laboral habitual estará marcada por la necesidad constante de influir y ganarte a las personas, para conseguir su acuerdo o su aceptación en cuestiones que son importantes para ti. Utilizar la autoridad nunca es la forma de conseguir que la gente:

- Acepte tus planes, objetivos, puntos de vista, ideas u opiniones.

- Siga tu visión.

- Diga, haga o actúe de una determinada manera.

Los líderes de éxito lo comprenden y nunca hacen uso de su cargo para imponer sus puntos de vista. Entienden que deben convencer y persuadir para animar a las personas a llevar a cabo sus peticiones y a creer en sus ideas y directrices. La influencia silenciosa, y no la autoridad, es la forma de ganarse a la gente para que adopte tu forma de pensar.

✓ Ponlo en práctica

A continuación te presento algunas habilidades clave necesarias para dominar el arte de influir:

- **Comunicar abiertamente**
  Si quieres que alguien haga algo que quizás no le apetezca, no te limites a enviarle un correo electrónico: habla con él. Explícale la importancia del trabajo y por qué le pides que lo haga, y sé honesto acerca de las posibles desventajas de la tarea.

- **Ser una persona inspiradora y visionaria**
  Cuando le pidas a alguien que haga algo, es útil mostrar el impacto de la tarea solicitada y cómo encaja en el panorama general, el plan global o la visión en conjunto. Al hacerlo, conseguirás inspirar y motivar mejor.

- **Ser agradable y empático**
  Es natural que una persona se deje persuadir más fácilmente por alguien que le gusta y admira, y que también sea amable y simpático. Conviértete en esa persona mostrando que te preocupas por los demás, intentando comprenderlos, entendiendo, por ejemplo, lo ocupados que pueden estar o por qué pueden mostrarse reacios a aceptar una tarea.

- **Liderar con el ejemplo**
  Es muy difícil convencer a alguien de que haga, diga o piense algo cuando tú estás haciendo lo contrario. La reacción natural en esa situación es pensar: «¿Por qué debería hacerte caso?». Lo ideal es siempre dar ejemplo y emular lo que les pides a las demás personas que hagan.

- **Dar y recibir**
  La reciprocidad es clave para el éxito de las interacciones. Intenta siempre ofrecer algo a cambio cuando pidas a alguien que haga algo por ti. Por ejemplo, si le pides que trabaje durante el fin de semana en un proyecto urgente para un cliente, ofrécele un día libre a cambio.

- **Proporcionar herramientas y apoyo**
  Las personas estarán más dispuestas a hacer algo cuando cuenten con la ayuda y el apoyo necesarios por tu parte. Asegúrate siempre de que disponen de las herramientas y los recursos necesarios para completar las tareas que se les asignen.

6

TEN UN PROPÓSITO

«Nos inspira seguir a líderes que han encontrado su verdadero norte».

¿Qué líderes admiras más? No importa si se trata de tu jefe actual o anterior, o de una figura reconocida mundialmente como Barack Obama, Richard Branson o Mark Zuckerberg. Lo más probable es que te impresione la claridad con la que saben hacia dónde se dirigen y lo que aspiran crear. Es su visión y su sentido del propósito lo que te atrae de esas personas.

Rara vez escriben su visión o propósito, pero las grandes empresas lo hacen constantemente en forma de declaraciones. Es posible que hayas leído algunas de ellas:

- Oxfam: «Un mundo justo sin pobreza».
- Amazon: «Nuestra visión es ser la empresa más centrada en el cliente del mundo; crear un lugar donde las personas puedan encontrar y descubrir cualquier cosa que deseen comprar en línea».
- Ikea: «Crear un mejor día a día para la mayoría de las personas».
- Google: «Organizar la información del mundo y hacerla universalmente accesible y útil».
- TED: «Difundir ideas».

Los equipos de liderazgo crean estas declaraciones para esbozar hacia dónde se dirige la empresa y en qué quieren convertirse. Normalmente son una mezcla de grandes sueños, objetivos audaces, aspiraciones y valores.

Las personas que lideran saben que, sin objetivos claros, es posible acabar dando vueltas en círculo, tirando en diferentes direcciones, lo que puede ser desmotivador y agotador. Para evitarlo, trabajan con su equipo para desarrollar una declaración de visión que les permita comprender de forma clara hacia dónde se dirigen y qué quieren lograr.

Al crear una declaración de visión, destacarás, porque muy pocos líderes ofrecen tanta claridad a sus equipos. Una encuesta de Gallup realizada en 2018 en Estados Unidos reveló que solo el 22 % de las personas empleadas encuestadas estaba totalmente de acuerdo con la afirmación de que sus jefes tenían algún tipo de dirección clara, lo que sugiere que cuatro quintas partes de todos los jefes no tienen ni idea de hacia dónde se dirigen, o al menos nunca piensan en comunicárselo al personal a su cargo.

✓ *Ponlo en práctica*

· ·

CREA TU PROPIA VISIÓN Y TRATA DE QUE SEA CONVINCENTE

Crea una declaración de visión como si fueran las primeras líneas de un anuncio para una vacante en tu equipo. Debe explicar con claridad el enfoque del equipo y lo que pretende lograr, y debe describir lo que las personas pueden esperar al unirse a tu equipo. La redacción debe ser lo bastante convincente y emocionante como para motivar y atraer a las personas a querer trabajar contigo en todo momento.

Para ayudarte a redactar el texto ideal, toma una hoja de papel y escribe tus ideas:

- Esboza la visión de lo que quieres crear y lograr con tu equipo (en los próximos tres, cinco o diez años).

- Explica cómo te gustaría dirigir a los miembros del equipo que trabajan contigo y también cómo deseas que se relacionen para garantizar que tu visión se haga realidad.

SÉ BREVE

Resume el mensaje en una frase clave o eslogan que puedas utilizar para vender y conseguir apoyo para llegar a tu visión general. Por ejemplo, Boris Johnson y su equipo lo hicieron con gran éxito al crear el eslogan «Get Brexit Done» («Alcancemos el Brexit») durante las elecciones generales del Reino Unido de 2019. Comparte tu visión general con tu equipo, pídeles sus opiniones y sugerencias para que puedas crear una versión final con la que todos los miembros estén de acuerdo y por la que estén dispuestos a trabajar. Para que sirva de recordatorio inspirador, crea tarjetas de pequeño tamaño con la declaración de la visión impresa y entrega una copia a cada uno de tus empleados para que la lleven consigo o la coloquen en su puesto de trabajo. También puedes crear carteles con la visión y colocarlos por toda la oficina.

PREDICA CON EL EJEMPLO

«Asegúrate de ser coherente en todo lo que hagas. No pienses una cosa, digas otra y hagas algo completamente diferente».

Si le pides a tu equipo que actúe de una manera y tú haces lo contrario, pronto te quedarás sin nadie a quien dirigir. No importa si es intencionado o accidental: comportarse así destruye tu credibilidad y la confianza que la gente tiene en ti. A nadie le gusta trabajar con un jefe que:

- Anima al personal a ser abierto y compartir información, mientras que él mismo oculta a menudo información.

- Insiste en llegar con puntualidad a las reuniones, pero él siempre llega tarde.

- Persuade a los miembros del equipo para que apoyen una iniciativa de toda la empresa, mientras la socava discretamente.

- Se enfada cuando sus subordinados directos no revisan su trabajo en busca de errores, mientras que él mismo comete errores.

- Castiga duramente a alguien por hacer trampa con sus gastos de viaje, mientras que él mismo infla las cantidades que reclama como gastos.

Si lo dicho no te parece obvio, pregúntate cómo te sentirías trabajando con alguien que actuara así. A nadie le gustan las personas hipócritas y, aunque algunos de estos comportamientos puedan parecer pecados menores, a menudo son un indicador de que la persona que lidera es poco ética y actúa sin integridad en otras áreas de su trabajo.

Los líderes exitosos siempre predican con el ejemplo, procurando que lo que dicen esté acorde con sus propias decisiones, comportamientos y acciones.

✓ *Ponlo en práctica*

CONVIÉRTETE EN UN MODELO DE CONFIANZA

Empieza a dar ejemplo conscientemente de los comportamientos ideales y los estándares de excelencia que te gustaría que adoptara tu equipo. Esto debe hacerse predicando con el ejemplo, demostrando a título personal lo que esperas de los demás a través de tus propias palabras y acciones. Si necesitas que las personas sean persistentes, más estratégicas o menos reacias al riesgo, empieza a actuar de esa manera. Aunque no te resulte fácil, demuestra que lo estás intentando y esto animará y motivará a tu equipo a intentar imitarte.

CUANDO NO CUMPLAS LO QUE PROMETES, ANTE TODO, SÉ HONESTO

Puede haber ocasiones en las que tengas que pedir a otras personas que actúen de forma diferente a como lo haces tú. Cuando eso ocurra, ante todo, sé sincero. Piensa en cómo reaccionará tu equipo cuando se dé cuenta de lo que está pasando y explícales las razones de la situación. Puede que no seas una persona detallista, pero necesitas que tu equipo acabe siendo más meticuloso. Diles lo que necesitas de ellos y admite que te cuesta concentrarte en los pequeños detalles. Al admitir una debilidad, muestras vulnerabilidad y es probable que, gracias a tu franqueza, el equipo responda apoyándote a ti y al objetivo empresarial.

TRIUNFA DESDE EL PRIMER DÍA

···

«Empieza con buen pie: prepara el terreno para lo que está por venir».

Los primeros días y semanas en un nuevo puesto de liderazgo, especialmente en un nuevo contexto, son fundamentales. Determinarán tu éxito cuando:

- Trabajes con tus nuevos compañeros y miembros del equipo. Tu forma de actuar y tu rendimiento en esta etapa inicial determinarán cómo se forman y desarrollan tus relaciones laborales. La primera impresión es importante y la forma en que se percibe tu adaptación al nuevo puesto influye en la percepción y las expectativas que las demás personas tendrán de ti.

- Alcances tus metas y objetivos. Los conocimientos y la información que adquieras al principio determinarán tu capacidad para manejar el puesto que desempeñas y todo lo que implica. Hacerlo bien te permitirá hacer lo correcto de forma adecuada.

Para realizar con éxito la transición a cualquier nuevo puesto de liderazgo, es necesario ser prudente y no lanzarse a nuevas tareas sin el debido cuidado y atención. Si lo haces, corres el riesgo de cometer errores simples, rendir por debajo de lo esperado e incluso enemistarte con otras personas. Al principio, simplemente:

- Escucha: no hables demasiado ni compartas muchas opiniones sobre cómo se podrían mejorar las cosas o cómo eran mejores en tu anterior puesto.

- Da una oportunidad: no te precipites a la hora de juzgar el rendimiento de alguien sin conocer bien todo el contexto y su historial reciente.

- Adáptate: observa las normas de la cultura corporativa de tu nueva organización y modifica tu comportamiento en consecuencia.

- Crece poco a poco: no es necesario causar una buena impresión inmediata estando de acuerdo con todo el mundo y cediendo cada vez que te pidan algo. Tómate tu tiempo para comprender las complejidades de los problemas, de tu función y de lo que realmente estás aceptando.

Los líderes de éxito saben lo importante que es detenerse y reflexionar para evitar los malentendidos.

✓ Ponlo en práctica

ADOPTA UN ENFOQUE BIEN ESTRUCTURADO

El proceso de comenzar en un nuevo puesto en una nueva organización debe tratarse como un proyecto complejo que requiere toda tu atención y una planificación cuidadosa. Deja a un lado todas tus experiencias y suposiciones pasadas y mantén una mente abierta para reconocer que no lo sabes todo desde el primer día.

Escucha con calma, observa y aprende de tus nuevos compañeros y miembros del equipo. Ten presente que sus comportamientos, mentalidad y formas de trabajar son diferentes a los de tus antiguos compañeros y mantén una actitud abierta para hacer las cosas de forma diferente a como las has hecho en el pasado.

Lleva un diario con tus notas y observaciones para ayudarte a registrar y reflexionar sobre las diferencias y similitudes que observes (en comparación con el último puesto que ocupaste), especialmente en lo relativo a cómo:

- Los colegas de trabajo se comunican entre sí y comparten opiniones e ideas.
- Los colegas se agradecen y critican entre sí.
- Surgen conflictos y se abordan.
- Se utilizan los espacios de trabajo y las oficinas, y qué se muestra y qué no.
- Los objetivos, los indicadores clave de rendimiento y otras tareas se comparten, se delegan y se alcanzan.
- Los compañeros se motivan, inspiran, apoyan y desafían mutuamente.
- Solicitan ayuda y recursos.
- Se crean, acuerdan, implementan y supervisan presupuestos, previsiones y planes.
- Se reconocen, recompensan y tratan los comportamientos y rendimientos buenos y malos.
- Las recientes incorporaciones, como tú, son reconocidas, bienvenidas y ayudadas para que tengan éxito.

NO ES UN CONCURSO
DE POPULARIDAD

....

«Si quieres ser la persona más popular de la sala, apúntate a un concurso de belleza».

C omo líder, tienes que poder comunicar todo tipo de mensajes difíciles, a menudo en el transcurso de un solo día. El liderazgo no es, en absoluto, un concurso de popularidad. Necesitas tener la piel dura para tomar decisiones difíciles, que a veces pueden parecer muy crueles y fuera de lugar. Te pongo varios ejemplos:

- Informar a un miembro del equipo que demuestra entusiasmo de que no se le va a tener en cuenta para un ascenso.
- Compartir con tu equipo que no habéis conseguido un nuevo proyecto de alto perfil en el que queríais trabajar.
- Informar a un colega interesado en una candidata concreta para el equipo de que no te ha impresionado cuando la has entrevistado.
- Expresar tu frustración por la falta de progreso de tu equipo.
- Denegar la solicitud de vacaciones de un compañero porque demasiados compañeros del mismo equipo estarán fuera de la oficina en ese mismo periodo.
- Decirle a un miembro del equipo que será despedido si no deja inmediatamente de hablar mal de tu plan estratégico.
- Dar a un compañero un ultimátum para que acepte y se adapte a tu visión de la empresa o, en caso contrario, dimita.

Por supuesto, también tendrás noticias positivas que compartir, pero es la forma en que manejas las negativas lo que define tu capacidad de liderazgo. Los mejores líderes saben que los mensajes difíciles deben comunicarse sin demora. Hacer cualquier otra cosa es dar a las personas una imagen errónea, falsas esperanzas y expectativas que tendrán un impacto negativo en la motivación y la productividad. Cuando tengas malas noticias, comunica el mensaje de la manera más profesional posible y prepárate para manejar las reacciones, que pueden causar conmoción, molestias, tristeza, confusión o incluso enfado. Muy pocos líderes hacen esto bien.

✔ *Ponlo en práctica*

NO DEJES PARA MAÑANA LO QUE PUEDAS HACER HOY

Nunca evites compartir mensajes negativos por miedo a causar malestar o para evitar ser impopular y entrar en una confrontación. No se gana nada posponiendo las malas noticias, retrasando una evaluación o enviando un correo electrónico desafiante. No le haces ningún favor a nadie al retrasarlo y, cuanto antes conozcan las personas involucradas la dura realidad, antes podrán empezar a procesarla, lidiar con sus reacciones y, con suerte, planificar cómo aprender, adaptarse y seguir adelante.

PLANIFICA BIEN LA COMUNICACIÓN

Las buenas noticias son fáciles de transmitir, pero, cuando se dan malas noticias o comentarios críticos a alguien, es especialmente importante planificar bien el mensaje. Tómate tu tiempo para planificar la conversación o redactar el correo electrónico. Una vez que lo tengas todo preparado, haz una pausa y reflexiona, relee el borrador o pide a alguna persona de confianza que revise cómo has planteado hacerlo.

El secreto está en tener un mensaje claro y conciso, que no sea demasiado duro ni poco diplomático. Tanto si rechazas algo que te han pedido como si das una opinión constructiva, intenta siempre explicar claramente los hechos, junto con tus observaciones y opiniones.

Siempre que sea posible, intenta transmitir el mensaje en persona y en privado. Si no puedes reunirte en persona, intenta hacerlo por videoconferencia, para que podáis veros. Es mejor que el correo electrónico, la carta y el teléfono, más indicado para las comunicaciones de seguimiento.

NO TENGAS LA PIEL DEMASIADO FINA

No te tomes como algo personal cualquier reacción ante una mala noticia, por muy enfadada o molesta que se ponga la otra persona. Muestra empatía y dile que es normal sentirse mal o mostrar confusión. Dale tiempo para procesar lo que le has dicho.

10

ESCUCHA BIEN

....

«Acalla todas esas distracciones que te rondan por la cabeza,
escucha con atención y piensa en lo que quieres decir».

R esulta muy evidente cuando alguien no te está escuchando. Quizás no sepas muy bien *cómo* lo sabes, a menos que esté mirando el teléfono mientras hablas o te interrumpe, pero lo sabrás. Estas son algunas señales reveladoras de quien no te escucha:

- Nunca aclara nada de lo que has dicho.
- No hace preguntas de seguimiento.
- Te interrumpe o cambia de tema.

Es frustrante cuando ocurre y es normal que este tipo de comportamiento resulte desmoralizador, ya que todos valoramos que se nos escuche y apreciamos que se nos preste atención a lo que intentamos decir.

Los líderes de éxito saben que escuchar bien ayuda a sentirse mejor y a rendir más. Lo confirma un estudio sobre las habilidades de escucha de los líderes en el que participaron 3492 gerentes, resumido en la revista *Harvard Business Review*. El estudio reveló que el 5% de los líderes con mejores habilidades de escucha se destacaban por:

- Crear conversaciones a modo de debates bidireccionales saludables que incluían preguntas útiles y con poca actitud defensiva cuando se cuestionaban los comentarios e ideas vertidos.
- Hacer que aquellas personas a quienes escuchaban se sintieran mejor y con una mayor autoestima.
- Hacer que aquellas personas a quienes escuchaban se mostraran más abiertas a escuchar sugerencias.

✓ *Ponlo en práctica*

DEMUESTRA QUE ESTÁS ESCUCHANDO

Aspira a estar siempre entre el 5% de los mejores en cuanto a tus habilidades de escucha. Puedes lograrlo haciendo lo siguiente cuando alguien te esté hablando:

- Deja todo lo que estés haciendo y presta toda tu atención a la persona que tienes delante. Si no puedes hacerlo, busca otro momento en el que ambos estéis libres para mantener la conversación.

- Hablad en un lugar tranquilo, sin ruidos, distracciones ni interrupciones, y guardad el teléfono y el ordenador.

- Si dispones de poco tiempo, dilo y establece una duración para la conversación; propón continuar más tarde en caso necesario.

- Demuestra que estás presente y escuchando:
  - Mira a la otra persona y utiliza un lenguaje corporal de escucha, como asentir con la cabeza, sonreír y mantener el contacto visual.
  - Di cosas que demuestren que estás realmente presente, como «Te entiendo», «Parece difícil» o «Mmmm, claro que no es fácil».
  - Resume o parafrasea lo que has oído y, si es necesario, haz preguntas para aclarar lo que has entendido.

¿LA GENTE QUIERE HABLAR CONTIGO?

No basta con saber escuchar bien. También debes ser accesible para que la gente quiera abrirse a ti. Asegúrate de ser alguien con quien la gente se sienta cómoda hablando, evitando hábitos y comportamientos que crean distancia, como dejar la puerta del despacho cerrada, actuar siempre como si estuvieras ocupado, interrumpir a la gente a mitad de lo que están diciendo, ignorar lo que dicen o sacar conclusiones antes de que hayan terminado de hablar. Si no estás seguro de lo bueno que eres escuchando, pregúntale a tu equipo.

1 1

EXIGE EXCELENCIA

«El liderazgo consiste en hacer lo correcto y hacerlo bien».

Debes asegurarte de que tu equipo o empresa está realizando las tareas adecuadas y que todas ellas se están llevando a cabo correctamente. Es difícil lograr el equilibrio. La cruda realidad es que la mayoría de las personas en puestos de liderazgo y sus equipos realizan mal algunas tareas importantes, al tiempo que se centran en completar otras sin importancia o innecesarias.

Yo lo comparo con la sencilla metáfora de cavar un agujero en el suelo. No tiene sentido cavar un agujero muy bien si está en el lugar equivocado; o, por supuesto, cavar un mal agujero en el sitio perfecto. En el lugar de trabajo, estos dos tipos de errores son demasiado comunes. Por ejemplo:

• Un miembro del equipo pasa horas creando una hoja de cálculo o un informe perfectamente elaborado, solo para descubrir que había malinterpretado la pregunta o el problema que debía resolver.

• Presentas una solución a un cliente de manera muy profesional, solo para enterarte de que el cliente había solicitado información sobre otro producto.

• A un miembro clave de tu equipo se le presenta una gran oportunidad para presentar su trabajo ante el equipo directivo global, pero se prepara mal y lo hace aún peor.

Nunca lograrás resultados excelentes si tú o tu equipo malgastáis vuestra energía, concentración, tiempo y recursos de esta manera en tareas equivocadas o completáis tareas esenciales de forma deficiente y con malos resultados.

✓ *Ponlo en práctica*

· ·

DESAFÍA Y APOYA A TU EQUIPO PARA QUE ALCANCE LA EXCELENCIA

La excelencia consiste en hacer bien las cosas correctas en todo momento. Para lograrlo, asegúrate de que cada miembro de tu equipo cuenta con la orientación y las herramientas adecuadas en cada una de las seis áreas (conocidas colectivamente como «las seis cajas de Gilbert»):

1. **La información y los comentarios adecuados para saber qué hacer.** Proporciónales por escrito las funciones y responsabilidades del puesto, así como las directrices que les expliquen qué hay que hacer y por qué. También necesitan comentarios informales y formales suficientes.

2. **Las herramientas y los recursos adecuados para realizar su trabajo de forma óptima.** A veces es tan sencillo como proporcionar a alguien un ordenador nuevo que funcione mejor.

3. **Los incentivos ideales para superar las expectativas.** Ofrece recompensas claras por el alto rendimiento, por alcanzar los objetivos y los indicadores clave de rendimiento (KPI).

4. **Las habilidades y conocimientos ideales que les permitan sobresalir.** No basta con enviar a alguien a un curso de formación: hay que asegurarse de que sepa cómo aplicar lo que ha aprendido.

5. **La capacidad para hacer lo que se les pide.** ¿Hay miembros de tu equipo que se sienten desbordados y tienen dificultades para realizar las tareas o completar el volumen de trabajo que se les asigna?

6. **La motivación y el compromiso para trabajar duro.** ¿Les gusta venir a trabajar para ti, disfrutan completando sus tareas y trabajando con sus compañeros?

MANTENTE FIRME EN LO QUE CREES

«No es fácil mantenerse firme cuando se está sometido a la presión de los compañeros, la opinión del grupo y los puntos de vista de la mayoría».

Hay momentos en los que ser líder te hará sentir presión, especialmente cuando decides parar o avanzar en otra dirección mientras todos te adelantan, instándote a que los sigas. Es posible que lo hagas porque sabes que tus opiniones, puntos de vista y convicciones son los correctos y los de ellos no. Tener tus propias opiniones y puntos de vista y mantenerte firme en ellos no es fácil, pero a veces es necesario si quieres tener éxito.

Tus opiniones, puntos de vista y convicciones provienen de tus experiencias vitales, tus conocimientos y tus creencias arraigadas:

- Algunos se basan en tu visión y convicciones, como que el trabajo duro debe ser recompensado, que solo se tiene una oportunidad, que la integridad no es negociable...

- Otros son específicos en cuanto a objetivos y metas: debemos entrar en este nuevo mercado, nuestro sistema tiene que actualizarse para que tengamos éxito, ese negocio tiene que ser más rentable o, en caso contrario, conviene cerrarlo...

- Otros pueden centrarse en cómo se hacen las cosas: siempre debemos planificar rápidamente, debemos colaborar de cierta manera...

- En ocasiones, pueden ser más holísticos y a largo plazo: una firme convicción de que nuestros productos deben cambiar el mundo para mejor, todas nuestras decisiones deben ser sostenibles en términos de impacto medioambiental...

Cada líder tiene una mezcla de opiniones y convicciones. Los que tienen más éxito siempre parecen saber cuándo mantenerse firmes en lo que entienden o creen, incluso cuando la principal corriente de opinión se mueve en la dirección opuesta o las opiniones y la dirección de sus compañeros son diferentes.

✓ *Ponlo en práctica*

ENCUENTRA EL EQUILIBRIO ADECUADO: A VECES TIENES RAZÓN Y DEBES MANTENERTE FIRME

Debes decidir cuándo mantenerte firme en lo que crees, cuando otras personas te pidan que hagas lo contrario. Para ayudarte a lograrlo:

- Escucha y reflexiona sobre las opiniones y convicciones de tus compañeros e intenta comprender de dónde provienen.

- Analiza y reflexiona sobre tus propias ideas y mantén una mente abierta sobre si es correcto o no aferrarte a opiniones contrarias.

- Cuando decidas que debes mantenerte firme, prepárate para explicar tus sentimientos, tu lógica y tu razonamiento. Esto puede ayudarte a justificar tus propios puntos de vista y aumentar tus posibilidades de convencer a las demás personas de tu forma de pensar.

A algunas personas les puede costar entender y aceptar tus opiniones, sobre todo cuando son totalmente opuestas a sus propias creencias y forma de pensar. Puede incluso que se enfaden. Intenta aceptarlo y no dejes que eso afecte negativamente a tus relaciones laborales. Con el tiempo, es posible que la gente se dé cuenta de que tenías razón al mantenerte firme.

... Y A VECES PUEDE QUE TE EQUIVOQUES

Recuerda que nada es permanente. Tus convicciones evolucionan y cambian a medida que adquieres más conocimientos, información, experiencia y sabiduría. Puede que haya momentos en los que te des cuenta de que una creencia o suposición en la que creías firmemente es errónea y que lo que pensabas que era cierto ya no lo es. Admítelo con humildad ante las demás personas de tu entorno laboral y acepta tu nueva forma de pensar, creencia u opinión.

13

DOMINA LA POLÍTICA
DE OFICINA

*«Ser líder es como jugar al juego de la oca: nunca sabes
cuándo vas a caer en la calavera o ir de oca a oca».*

C asi todas las personas que ocupan un puesto de liderazgo a las que he asesorado me han hablado de sus dificultades con diferentes tipos de políticas internas y de la necesidad de sobrevivir cuando sus compañeros hacen política entre ellos. Una líder me comentó recientemente que se sentía agotada por intentar sobrevivir a las luchas políticas internas de su empresa y describió su entorno laboral como una jungla, donde sus compañeros hacían lo que fuera necesario para obtener recursos y reconocimiento, algunos ya no se hablaban entre ellos y otros habían dimitido. Quizás tú mismo hayas experimentado algo similar:

- Tu reputación se ve empañada por los chismes de tus compañeros sobre los errores de juicio que se te achacan.

- Un compañero decide no advertirte sobre problemas graves en un proyecto que diriges.

- Un departamento alega ante los jefes que un determinado error es culpa de tu equipo, cuando tú sabes que eso no es cierto.

- Antes de una reunión para planificar el presupuesto, descubres que tus compañeros han estado argumentando a tu espalda ante el director financiero por qué sus departamentos, y no el tuyo, merecen más personal el año que viene.

- Una unidad de negocio traslada a una empleada a tu área con excelentes referencias, sin mencionar que no sabe trabajar en equipo.

- Te das cuenta de que tu jefe muestra una postura de favoritismo extremo hacia ciertos compañeros, lo que os afecta negativamente a ti y a tu equipo.

Para ser un líder de éxito, debes acostumbrarte a este tipo de situaciones. Adquiere la experiencia y el sentido común necesarios para saber cuándo y cómo expresarte y cuestionar, y cuándo estar callado para evitar empeorar una situación tensa.

✓ Ponlo en práctica

SÉ ALGUIEN EXPERTO EN EL ARTE DE LA NAVEGACIÓN

Navegar por las políticas internas no es fácil. Necesitarás todas tus habilidades sociales, en particular la capacidad de influir, expresarte, afrontar conflictos, comunicarte con claridad, dar un *feedback* claro y ser asertivo. Además:

- Nunca te precipites y asumas lo peor. Cuando alguien que trabaja contigo no te cuenta algo importante, puedes sentir la tentación de enfadarte y pensar que su silencio es deliberado y que pretende dejarte en mal lugar. ¡No lo hagas! Quizás simplemente se le haya olvidado. En lugar de eso, comprueba con calma qué está pasando realmente y cuáles son las verdaderas intenciones.

- Elige tus batallas: aprende a decidir cuándo dejar pasar algo, cuándo no decir nada, defenderte, justificarte o quejarte. Piensa con detenimiento antes de meterte en un lío para intentar corregir un error, detener un comportamiento inapropiado o dejar las cosas claras, tal vez para limpiar tu nombre o demostrar que tu equipo está haciendo bien su trabajo cuando se lo acusa de lo contrario.

- Mantén los ojos abiertos y usa tu intuición para detectar cuándo puede estar gestándose un problema con alguien que trabaja contigo. Por ejemplo, puede que haya empezado a tratarte de forma diferente a lo habitual y ahora parezca que te evita o se muestra reacio a compartir ideas contigo. No reacciones de forma negativa. Haz lo contrario y dedica más tiempo a conectar con este compañero y a entablar una buena relación; es posible que consigas tu objetivo si no dejas que se enfríe.

- Mantén una relación sana y positiva con tu propio jefe. Necesitas tenerlo de tu lado, ya que puede ser tu mayor apoyo o defensor, ayudándote a aclarar o acallar cualquier rumor que pueda circular sobre ti o tu equipo, así como a acabar con otros tipos de políticas internas a las que puedas enfrentarte.

- No te metas en políticas internas: nunca difundas chismes, insinuaciones o medias verdades sobre otras personas. Si no puedes hablar bien de otras personas, simplemente no digas nada.

14

PIENSA EN EL CONTEXTO

....

«Me encanta la idea de elegir cuidadosamente el caballo que voy a montar en cada carrera en función de las condiciones de la pista».

D emasiados líderes tratan todas las situaciones similares de la misma manera, sin reconocer que cada una puede requerir un tipo de respuesta diferente para garantizar el resultado ideal.

Seguro que en tu casa tienes una caja con varias herramientas y, según el problema en concreto, eliges la más adecuada, ¿verdad? Quizás un destornillador de estrella para una tarea y un taladro para otra... Nunca debemos intentar resolver todas las reparaciones y tareas de mantenimiento con la misma herramienta, ¿verdad? Lo mismo se aplica al liderazgo: no utilices el mismo estilo de liderazgo en todas las situaciones. De manera sorprendente, muchos líderes ignoran esta verdad básica y nunca varían su forma de actuar y responder, incluso en situaciones muy diferentes:

- Tratan todos los problemas de rendimiento de su personal de la misma manera.
- Motivan a todos los miembros del equipo con los mismos incentivos.
- Comunican la información siempre a través del mismo tipo de correos electrónicos largos.
- Reaccionan de la misma manera ante quienes tienen dificultades para cumplir los plazos.
- Conducen todas las reuniones exactamente con el mismo estilo.
- Utilizan los mismos clichés y comentarios para expresar sus sentimientos.
- Hacen las mismas preguntas trilladas en las entrevistas para un puesto, independientemente del nivel del puesto para el que se esté entrevistando.

Tratar a cada persona o problema de la misma manera es ineficaz y rara vez es del todo efectivo. Las personas pueden sentirse confundidas o perdidas, seguir consejos incorrectos y tener dificultades, o sentirse incomprendidas y desmotivadas. Y esto no es lo que más te conviene.

✓ *Ponlo en práctica*

APRENDE A MEZCLAR Y COMBINAR

Aspira a convertirte en un líder situacional, del estilo de liderazgo que popularizó Ken Blanchard, según el cual debes reconocer cada situación única a la que te enfrentas y responder de la manera más adecuada:

- **Tomándote siempre el tiempo necesario para comprender el problema.** Evalúa con calma lo que está sucediendo antes de responder. Explora y comprende el contexto completo del problema o la cuestión a la que te enfrentas, incluyendo si se trata de algo recurrente. Determina también quiénes están involucrados, teniendo en cuenta si son personas con experiencia, recién contratadas, con exceso de trabajo o desmotivadas, etc.

- **Definiendo el resultado óptimo.** Una vez que comprendas la singularidad de cada situación a la que te enfrentas, podrás determinar cuál es el resultado o la solución ideal que debes alcanzar.

- **... y, por último, decidiendo cómo alcanzar el resultado previsto.** Decide cuál es la combinación única de formas en las que debes actuar y responder en cada caso:

  — A veces hay que escuchar con calma y motivar, y otras veces hay que actuar con rapidez para mostrar al equipo tu malestar o preocupación.

  — En algunas situaciones, hay que actuar de forma inspiradora y visionaria, y en otras hay que involucrarse en los detalles y gestionar yendo al detalle.

  — La lista de posibles formas de responder a diferentes situaciones es interminable. Puedes optar por sentarte a solas con alguien y orientarlo, dirigir una lluvia de ideas, preguntar cómo puedes ayudar, hacer una pausa y actuar más tarde, dedicar tiempo a observar o no hacer absolutamente nada.

Solo un líder perezoso o sin experiencia utiliza siempre la misma herramienta de liderazgo.

1 5

TEN PRESENTE EL PANORAMA GENERAL

«A veces nos perdemos entre los árboles
y somos incapaces de ver hacia dónde movernos».

Los líderes de más éxito comprenden la importancia de tener una visión amplia. Para ello, se alejan de sus problemas cotidianos. Es como ser un piloto de avión que siempre atraviesa las nubes para pasar tiempo en las alturas y ver lo que se denomina una vista panorámica. Esta tarea esencial del liderazgo te brinda espacio y tiempo para:

- Ver mejor los patrones acerca de determinadas cuestiones, actividades y problemas.

- Adoptar una visión más estratégica de tus responsabilidades, retos y objetivos.

- Mirar hacia el futuro en lugar de quedarte atrapado en el presente.

- Dar a tu equipo el espacio necesario para prosperar, sin estar atosigándolos constantemente.

- Disponer de más tiempo y conocimientos a fin de planificar mejor cómo puedes apoyar a tu equipo y a otros compañeros.

Pocos líderes lo hacen bien: adquieren el hábito de sumergirse en numerosos asuntos cotidianos, trabajando y tachando tareas de su lista de cosas por hacer, ocupándose de tareas urgentes —apagando incendios— y vigilando de cerca el trabajo de su equipo. Muchos no pueden evitar hacerlo porque en sus puestos anteriores, de menor responsabilidad, nunca se les pidió ni se les animó a adoptar esta perspectiva global. El riesgo es que tu rendimiento como líder se vea afectado si no das un paso atrás con regularidad para lograr obtener una visión más amplia. Solo así podrás apreciar realmente por qué es tan valioso e importante hacerlo.

✓ Ponlo en práctica

INTENTA ALEJARTE

Piensa en ti mismo como un fotógrafo profesional. Aléjate con la cámara para tomar excelentes fotos de paisajes y vistas de tu entorno de trabajo. A medida que asciendes a puestos de liderazgo más altos, este truco es aún más esencial. Si te resulta difícil hacerlo, averigua qué te está frenando:

- Durante tu jornada laboral, obsérvate a ti mismo para darte cuenta de si dedicas demasiado tiempo a los detalles de las tareas y las listas de cosas por hacer de tu equipo, y en qué momentos lo haces. Pregúntate: «¿Es esto realmente productivo?».

- Supera cualquier barrera que te impida dar un paso atrás. Es posible que te sientas más cómodo ocupándote de los detalles, que no confíes en tu equipo para que se encargue de las tareas diarias o que te estrese asumir un nuevo puesto más estratégico y reflexivo.

DEDICA TIEMPO A TOMAR DISTANCIA

- Reserva tiempo durante tu semana laboral para ser más estratégico y centrarte en una visión más amplia. En esos momentos, desde la perspectiva que te da estar por encima de tu entorno de trabajo, reflexiona sobre tu carga de trabajo y tus retos a medio y largo plazo, así como sobre las cuestiones y los retos más estratégicos a los que os enfrentáis tú y tus compañeros. Desde ahí, ¿qué ves?

- Si te resulta difícil, ¿has pensado en contratar a un *coach* ejecutivo o a un mentor que te ayude a centrarte y reflexionar sobre estos aspectos a más largo plazo y con una visión más amplia de tu trabajo?

- También puede ayudarte asistir a actividades y eventos estratégicos y centrados en el largo plazo. Podrías ofrecerte para formar parte de un comité de reestructuración o planificación a largo plazo —a modo de voluntariado— o asistir a conferencias sobre tendencias empresariales futuras o sobre ideas empresariales emergentes.

NO PUEDES CONVERTIRTE EN ALGUIEN EXPERTO DE UN DÍA PARA OTRO

«Poco a poco, vamos adquiriendo habilidades y experiencia».

Nadie puede convertirse en un experto en liderazgo de la noche a la mañana. No se puede acortar el proceso de adquirir diversas experiencias y habilidades a partir de las cuales se aprende y se obtiene conocimiento y sabiduría. Como resultado, es posible que tu camino serpentee de manera similar a lo siguiente:

- Empiezas como gerente novato, con una exposición limitada a las dificultades y los retos que plantean las responsabilidades y situaciones de liderazgo. Es posible que hayas asistido a cursos de una escuela de negocios y a otras formaciones en llderazgo, pero no habrás tenido la ocasión de poner en práctica y dominar lo aprendido.

- Con el tiempo, vas adquiriendo más experiencia y reconocimiento en el ámbito del liderazgo, lo que, combinado con el *coaching* y la formación, te permite empezar a convertirte y a sentirte como un líder experimentado.

- De repente, un día te consideran una persona experta y te piden que seas mentor de otros o que participes como ponente principal en conferencias y eventos de empresa, ¡con gente haciendo cola para escuchar tus sabios consejos!

El camino para convertirse en un líder experimentado requiere tiempo y paciencia. En la cultura actual, en la que todo se exige al instante, esto no es fácil y podemos olvidar con facilidad que hacerse un experto en algo lleva tiempo y que ser capaz de aprender algo rápidamente no te convierte en un experto. Algunos líderes jóvenes piensan erróneamente que el simple hecho de tener un MBA los hace expertos en liderazgo, sin saber que la verdadera experiencia solo se puede adquirir a través de la puesta a prueba en la vida real. Si empiezas a pensar antes de tiempo que eres un experto, corres el riesgo de confiarte demasiado y pensar que puedes asumir más de lo que eres capaz. Esto te expone al riesgo de cometer grandes errores. Presta atención.

✓ Ponlo en práctica

SIGUE PASO A PASO UN PLAN DE DESARROLLO DEL LIDERAZGO

Crea tu propio plan de desarrollo de liderazgo y desglosa tus objetivos y acciones con un enfoque mensual. Esto te animará a:

- aprender cosas nuevas
- reflexionar sobre tus éxitos y dificultades
- buscar y actuar en función de los comentarios recibidos
- pedir a otras personas que te orienten

Todo líder necesita un plan de desarrollo, incluso si ya dirige un negocio de éxito. Las empresas tecnológicas emergentes de hoy en día suelen tener fundadores y directores generales muy jóvenes. Sus colegas y accionistas comprenden la necesidad de ayudar a estos jóvenes líderes a adquirir rápidamente experiencia, para lo que les asisten para que creen planes de desarrollo del liderazgo. Estos pueden incluir proporcionar todo tipo de herramientas y apoyo, lo que podría incluir tanto a mentores experimentados como a otros de más edad.

SÉ HUMILDE CON RESPECTO A LO QUE SABES

Sé siempre sincero sobre las lagunas en tus conocimientos y experiencia. Todos las tenemos. Cuando te enfrentes a diferentes retos empresariales y de liderazgo, reconoce lo que es nuevo para ti y en qué aspectos puedes carecer de experiencia o comprensión. No te preocupes por ello: está bien y es esperable que seas sincero al respecto. Siendo consciente de que aún no eres un experto, intenta dar a los demás este tipo de respuestas llegado el caso:

- «En realidad, no tengo claro cómo abordar este tema».
- «No estoy seguro. ¿Quién tendrá una idea mejor sobre lo que está pasando?».
- «Debería saber qué hacer, pero estoy un poco confundido. Dejadme reflexionar y consultar con otras personas».
- «No tengo claro hasta qué punto entiendo el problema».

Ser humilde y actuar con honestidad es una fortaleza esencial del liderazgo, especialmente cuando se asciende más rápido de lo que se tarda en adquirir experiencia.

EL LIDERAZGO CONSISTE EN SERVIR A OTRAS PERSONAS

«Lo que importa es su éxito, no el tuyo; ni más ni menos».

Tu papel como líder es servir a los demás apoyando sus propias necesidades, objetivos y metas. No se trata de que te centres en tus propios éxitos para ocupar un lugar en los libros de historia. Es posible que este concepto de liderazgo servicial no te resulte familiar, pero lleva existiendo desde hace tiempo y fue descrito por primera vez en la década de 1970 por el experto en liderazgo y autor estadounidense, ya difunto, Robert K. Greenleaf.

La idea central del liderazgo de servicio o servicial es que dejas de lado tu propio éxito y tus propias necesidades para centrarte en las necesidades y ambiciones de quienes te siguen y otras partes interesadas. Las ventajas de hacerlo son, entre otras, las siguientes:

- Quienes trabajan contigo y a tus órdenes se sienten más valorados, escuchados y apreciados, y como resultado estarán más motivados, comprometidos y con más energía.

- Tus clientes y proveedores experimentarán una mejor respuesta cuando trabajen con los miembros de tu equipo, lo que se traduce en una mayor fidelidad de los clientes y unas relaciones más estrechas con los proveedores.

Esta actitud desinteresada de anteponer las necesidades y ambiciones de las demás personas puede transformarte como líder y como persona:

- Actúas de manera menos competitiva y con menos estrés, ya que te centras menos en ti y más en tu equipo y tus colegas.

- Mantienes tu ego a raya y dejas de necesitar ganar siempre, por ejemplo, en discusiones o debates durante las reuniones.

- Actuar de esta manera de forma constante te permite convertirte en un verdadero jugador de equipo, ya que animas a los miembros de tu equipo a contribuir, a ser escuchados y a recibir reconocimiento.

- Actúas de forma más abierta y generosa, por ejemplo, estando dispuesto a compartir libremente ideas y dejar que otras personas las pongan en práctica.

✓ Ponlo en práctica

VE CONVIRTIÉNDOTE EN UN SERVIDOR POCO A POCO

Todas las personas que lideran necesitan que se reconozcan y valoren sus propias necesidades, motivaciones y ambiciones, al mismo tiempo que buscan ascensos laborales, aumentos salariales y bonificaciones. Nadie sugiere que dejes de hacer esto y te conviertas en un líder puramente servicial. El secreto está en seguir siendo como eres, pero dejando más espacio para las necesidades de las demás personas toda vez que muestras cierto grado de altruismo.

Cuando te enfrentes a elecciones y decisiones importantes, acostúmbrate a hacer lo que yo llamo «la prueba del egoísmo». Para ello, te has de preguntar: «En esta situación, ¿en qué necesidades me estoy centrando principalmente, en las mías o en las de los miembros de mi equipo y colegas de trabajo?». Revisa tus respuestas a esta pregunta y luego decide si has logrado el equilibrio adecuado: a veces tus propias necesidades pasan a primer plano y otras veces predominan las de otras personas. Con suerte, en muchas ocasiones, todas tus necesidades coincidirán.

LIDERA CENTRÁNDOTE MÁS EN EL «NOSOTROS» Y MENOS EN EL «YO»

Cuando revises tu trabajo, no te preguntes «¿Qué he conseguido?». Piensa de forma más colaborativa y pregúntate: «¿Cómo he ayudado a mi equipo, a mis compañeros o a mi organización a destacar y prosperar esta semana?» o «¿Cómo estamos destacando, creciendo y motivándonos juntos?».

Mantén esta forma de pensar durante unos meses. Deberías notar que te estás convirtiendo en una persona menos egocéntrica y que pasa más tiempo en el espacio del «nosotros». Es de esperar que tus compañeros de trabajo noten la diferencia; pregúntales si es así. Con suerte, ¡recibirás comentarios muy positivos!

18

TEN CUIDADO CON LOS PENSAMIENTOS SESGADOS

«Rara vez vemos las verdades de manera objetiva. En cambio, nos encontramos mirando una imagen distorsionada de los hechos».

La próxima vez que tomes una decisión importante, hazlo bajo tu propia responsabilidad. Vivimos en un entorno laboral cada vez más complejo y volátil, en el que no es fácil saber lo que está sucediendo realmente. A esto se suman las pesadas cargas de trabajo, con bandejas de entrada repletas de correos electrónicos y agendas abarrotadas de reuniones. ¿Cómo puedes dedicar el tiempo y la atención suficientes a analizar, comprobar y revisar los datos y la información para llegar a conclusiones precisas?

Incluso cuando hemos sido minuciosos, seguimos corriendo el riesgo de tomar decisiones incorrectas y llegar a conclusiones erróneas. He aquí algunos ejemplos típicos:

a. Un nuevo compañero se muestra muy abierto y servicial durante su primera semana de trabajo en la oficina y tú das por sentado que siempre será de confianza.

b. No estás de acuerdo con la decisión de tu empresa de desarrollar un nuevo producto y sigues buscando razones para demostrar que llevas razón, repitiendo a todo el mundo «Te lo dije» cuando encuentras pruebas que confirman tu opinión.

c. Un miembro de tu equipo tiene dificultades para completar una tarea y afirma que no es culpa suya; luego culpa a otros compañeros.

d. Tu jefe ha invertido mucho tiempo y energía en abrir una nueva filial y ahora es incapaz y no está dispuesto a aceptar que fue una decisión de inversión errónea ni que el nuevo negocio debería cerrarse.

e. Tu equipo está deseando implementar un nuevo sistema tan solo porque sus miembros observan que muchos otros departamentos hacen lo mismo, aunque saben que las ventajas comerciales son escasas.

f. Consigues un nuevo cliente importante con una propuesta que incluye nuevas condiciones en términos de tarifas. Dado el éxito con este cliente, decides utilizar siempre las mismas condiciones en todas las futuras licitaciones de clientes.

✓ Ponlo en práctica

EMPIEZA A COMPRENDER LO QUE DE VERDAD ESTÁ SUCEDIENDO

Aprende de tus errores. Y no te detengas ahí: aprende también de los errores de las demás personas. Empieza a comprender las formas en que un pensamiento sesgado puede estar nublándote el juicio. Vuelve a mirar los ejemplos de la página anterior. A continuación se muestra el pensamiento sesgado de cada ejemplo:

a. Esto se denomina «efecto halo», según el cual nos formamos una opinión firme basándonos en una visión limitada. El peligro radica en extrapolar y asumir que un buen resultado significa que todos los resultados futuros (con los mismos *inputs*) serán igual de satisfactorios. No olvidemos lo única que puede ser cada situación.

b. Este «sesgo de confirmación» nos ciega ante la posibilidad de que estemos equivocados. Entonces, nos resistimos a aceptar la posibilidad de haber cometido un error y buscamos cualquier justificación posible para demostrar que llevamos razón.

c. Cuando nos esforzamos por alcanzar un objetivo en el trabajo, rara vez nos culpamos a nosotros mismos, sino que señalamos a los demás. Esto se conoce como «sesgo egoísta» y puede llevarnos a no aprender nunca de nuestros propios errores.

d. Denominada «falacia del coste hundido», es la tendencia a no admitir la derrota después de haber invertido tanto tiempo, esfuerzo, dinero o energía.

e. Conocido como el «efecto bandwagon» o «problema del pensamiento grupal», consiste en dejarse llevar por ideas y opiniones cuando muchas personas a nuestro alrededor las comparten.

f. Este tipo de pensamiento se denomina «sesgo de resultado», por el que nos formamos una visión simplista de cómo hemos logrado algo. Quizás el formato de la propuesta de las tarifas no era muy bueno, pero tampoco tuvo por qué influir en la adjudicación de la licitación.

La conclusión que debemos extraer de todo esto es que hay que dar un paso atrás, mantener una mente abierta, pensar en todos los aspectos y cuestionar nuestras propias suposiciones. No pasa nada si descubrimos que nosotros o nuestro equipo hemos cometido un error.

19

PON LA CONFIANZA EN LO MÁS ALTO DE TU LISTA

«La confianza es como un pegamento que mantiene unido todo y a todas las personas».

Tu función principal como líder es crear y mantener unos niveles óptimos de confianza. No es fácil, porque abarca muchos aspectos del trabajo y las interacciones:

- Confianza en los demás, en lo que dicen, prometen, piensan y hacen.
- Confianza en las normas, las leyes, los sistemas y los procedimientos.
- Confianza en las propias capacidades, pensamientos e intenciones.

Cuando falta la confianza o se pone en duda, es difícil liderar con éxito, ya que tus compañeros pueden distraerse con sus preocupaciones, lo que puede afectar a su forma de trabajar. Sucede de muy diversas maneras:

- «No confío por completo en que se me recompense por rendir bien y superar mis objetivos».
- «Espero poder confiar en mis compañeros cuando yo tenga dificultades».
- «No estoy seguro de confiar en que mi jefe me respalde».
- «Nunca he confiado en la precisión del sistema de facturación *online*».
- «Ten cuidado al trabajar con ese departamento, no se puede confiar en que nos proporcionen datos precisos».
- «Aunque asistí a la formación, no confío en mí mismo con el nuevo proceso».
- «Tengo poca confianza en la estrategia y en los planes de la empresa para los nuevos productos».

Es normal pensar en la confianza solo cuando de repente te das cuenta de que falta, por ejemplo, cuando pierdes la que habías depositado en otra persona o en un proceso. También es un asunto muy personal: algo en lo que tú confías plenamente puede que a otra persona le dé igual.

✔ Ponlo en práctica

SÉ UN MODELO DE CONFIANZA

Tu tarea clave en relación con la confianza es asegurarte de que las personas que trabajan contigo confían en ti en todos los aspectos de tu trabajo. Deben confiar en que pueden contar contigo al cien por cien tanto en lo que dices como en lo que prometes y haces.

IDENTIFICA DÓNDE SE NECESITA MÁS CONFIANZA

Intenta comprender cómo puedes ayudar a aumentar los niveles de confianza:

• Entre tú y tus compañeros de trabajo.

• Entre los compañeros.

• En los procesos y sistemas con los que trabaja tu equipo.

Empieza por hacer una lista de los aspectos en los que más se necesita la confianza. Hazlo basándote en tus propias observaciones y opiniones sobre dónde ha faltado confianza y dónde parece ser esencial para crear el entorno de trabajo ideal. Involucra a quienes forman parte de tu equipo pidiéndoles su opinión. Para animarlos a compartir más abiertamente, crea un cuestionario anónimo en línea para que lo respondan.

DESARROLLA MÁS CONFIANZA DE FORMA PROACTIVA

Una vez que sepas dónde necesitas generar más confianza, explora cómo puedes lograrlo de manera continuada en el tiempo. La confianza se basa en las percepciones y experiencias de cada persona, por lo que puede ser muy difícil determinar de forma objetiva qué es lo que hay que hacer exactamente. Es posible que tengas que hacerlo por ensayo y error. La mayoría de tus acciones implicarán comunicación e intercambio. He aquí varios ejemplos:

• Reserva tiempo para sesiones semanales individuales entre tú y los miembros de tu equipo para ayudarles a que vayan ganando confianza en ti.

• Organiza más sesiones de formación de equipos y reuniones sociales entre departamentos para superar la falta de confianza.

• Organiza debates entre tu equipo y los miembros de Recursos Humanos para compartir las preocupaciones sobre el funcionamiento de un nuevo sistema de gestión del rendimiento.

20

ENTREVISTA COMO UN PROFESIONAL

«Si quieres un equipo y una organización de alto rendimiento, contrata a las mejores personas».

Son demasiados los líderes que se quejan de la calidad de su equipo y se desesperan por la falta de motivación, mentalidad o voluntad de adaptación y cambio de sus miembros. Dirigir un equipo así puede resultar muy difícil y frustrante, sobre todo porque puede impedirte alcanzar altos niveles de éxito. Una de las principales razones por las que se acaba teniendo este problema es la mala calidad de las contrataciones, ante las cuales solo tú tienes la culpa si contratas a personas que:

- Carecen de la capacidad para dominar las habilidades técnicas necesarias.
- No muestran ninguna perseverancia y se rinden con demasiada facilidad.
- Siempre culpan a otras personas de sus propios problemas y errores.
- No muestran interés en adaptarse a los cambios.
- No muestran ningún deseo de crecer, asumir más responsabilidades ni ascender.

Por desgracia, la mayoría de quienes lideran invierten muy poco tiempo y esfuerzo en el proceso de selección. En su lugar:

- Confían en sus compañeros de Recursos Humanos y en empresas de selección externas para buscar y preseleccionar candidatos.
- No se preparan las entrevistas ni se leen los currículos.
- Realizan entrevistas demasiado breves y en las que el líder habla demasiado.
- Dejan que Recursos Humanos cierre el acuerdo con la persona elegida.

No es de extrañar que muchos líderes se sientan decepcionados con sus nuevas contrataciones y tengan que despedir a esas personas y volver a empezar el proceso de selección desde cero (lo que puede desmotivar a todo su equipo y suponer una pérdida de tiempo y dinero). Los líderes de éxito saben que una buena contratación es la clave para crear un equipo de alto rendimiento: cualquier equipo es tan bueno como las personas que lo integran.

✓ *Ponlo en práctica*

TEN CLARO LO QUE BUSCAS

Decide cuáles son los factores críticos para que una persona tenga éxito en un puesto concreto. Asegúrate de que se indiquen claramente en los anuncios y descripciones del puesto. Acuerda estos factores con quienes forman parte de Recursos Humanos y con cualquier reclutador externo a la hora de ponerse en contacto con los candidatos y filtrarlos, preseleccionarlos y seleccionarlos.

PREPÁRATE BIEN PARA LAS ENTREVISTAS

Crea un buen conjunto de preguntas para la entrevista que te ayuden a comparar a cada candidato en función de los factores críticos de éxito del puesto. Elabora las llamadas «preguntas de entrevista conductuales», que te ayudarán a explorar cómo ha afrontado y gestionado la persona candidata retos y problemas concretos. Podrías probar con lo siguiente:

- «Cuéntame alguna ocasión en la que, trabajando en un equipo para algún proyecto, tuviste que cambiar de dirección repentinamente y cómo lo afrontaste».

- «Describe una situación en la que cometiste un gran error y explica cómo respondiste y qué aprendiste a resultas de él».

- «Dame ejemplos que demuestren tu creatividad cuando te enfrentas a objetivos y problemas difíciles».

TRATA DE PILLAR DESPREVENIDOS A LOS CANDIDATOS

La mayoría de las personas solicitantes de empleo están bien preparadas y habrán ensayado sus respuestas a las preguntas que esperan que les hagas. Para conocer su verdadero carácter y personalidad, debes introducir una o dos preguntas que no esperen.

SÉ IGUAL DE MINUCIOSO CON LAS CONTRATACIONES INTERNAS

Antes de aceptar a alguien en tu equipo o departamento, hazle una entrevista tan exhaustiva como la que le harías a un candidato externo.

21

MANTENTE AL DÍA EN UN MUNDO EN CONSTANTE CAMBIO

«La vida laboral es ahora tan volátil e incierta que se podría comparar con intentar permanecer en el sitio mientras se monta un toro mecánico».

Vivimos en un mundo de cambios y transformaciones muy profundos, un periodo que con acierto el columnista del *New York Times* Thomas L. Friedman ha denominado «la era de las aceleraciones». Las disrupciones industriales, las revoluciones empresariales y los cambios exponenciales se están convirtiendo en algo habitual y los líderes se preocupan por cuál será el próximo modelo de negocio tipo Uber o Amazon que podría aparecer de repente y llevar a sus empresas a pique. La velocidad del cambio es tan alta que sus experiencias y habilidades de liderazgo pueden parecer rápidamente obsoletas ante los nuevos retos.

Debes saber guiar con maestría a los equipos a tu cargo, a las partes interesadas y a tu organización en un mundo VUCA (por sus siglas en inglés, «volátil, incierto, complejo y ambiguo»):

- La volatilidad es el resultado de acontecimientos y situaciones que cambian más rápido que nunca, causados en parte por los nuevos procesos y el procesamiento de datos.
- La incertidumbre se deriva de esta volatilidad, ya que cada vez es más difícil saber qué está sucediendo realmente hoy o qué sucederá mañana.
- Gracias a la tecnología, hemos permitido que todo sea más complejo que en el pasado.
- Todos estos cambios rápidos y la complejidad hacen que sea más difícil entender lo que está sucediendo, ya que los problemas y las soluciones son más ambiguos.

Como líder, es normal que sientas desorientación, confusión e incluso estrés por todo esto. Pero tu reto es convertirte en un líder exitoso a pesar de todo este ruido.

✓ *Ponlo en práctica*

· ·

CONVIERTE VUCA EN TU VENTAJA

Para navegar con éxito por tu propio entorno empresarial VUCA, sigue estos consejos, que se amplían en capítulos posteriores:

Haz espacio para lo nuevo

Lo que pensabas o hacías ayer puede que no sea necesario ni incluso apropiado para los retos a los que te enfrentarás mañana. No tienes más remedio que mostrar la suficiente apertura y humildad como para aceptar lo desconocido y estar en disposición de aprender, comprender y adoptar nuevas formas de pensar e ideas.

Dedica tiempo a buscar sentido a las cosas

Acepta que los acontecimientos, los problemas y las situaciones pueden no ser tan fáciles de entender como en el pasado. Junto con tu equipo, prepárate para invertir tiempo en sesiones de exploración y lluvia de ideas que os ayuden a todos los miembros a comprender mejor lo que ocurre.

Trata de sentirte bien cuando creas haberte perdido y sientas inseguridad

Como líder, es posible que sientas que debes tener todas las respuestas y seguridad acerca de todo. Por desgracia, ya no es posible dar a tus equipos, ni siquiera a ti mismo, una dirección clara, comodidad o certeza.

TEN EL VALOR DE AFRONTAR RETOS INESPERADOS

No importa si te enfrentas a un pequeño problema empresarial o a algo tan grande como la llegada de Uber, que ha acabado con el monopolio de los taxis: es normal sentir inseguridad y tener dificultades para saber cuál es la mejor manera de responder. La clave está en afrontar cada reto lo mejor posible, en lugar de ignorarlo y esperar que el problema no sea grave y tan solo desaparezca.

22

FÓRMATE CON UN
COACH EJECUTIVO

«Recibir coaching *es como hablar abierta y confidencialmente con el espejo del baño, que te escucha con atención y te hace preguntas perspicaces».*

R ecibir *coaching* está muy de moda. No conozco a ningún líder mundial y reconocido que nunca haya buscado la ayuda de un *coach* ejecutivo, de liderazgo o profesional. No son como los entrenadores deportivos que gritan instrucciones desde la banda del campo. Más bien son personas con experiencia que ofrecen un tipo de formación que es:

- Un proceso transformador para la concienciación, el descubrimiento y el crecimiento personal y profesional, y la ampliación de posibilidades [definición de la Asociación Internacional de *Coaching*].

- Un proceso guiado profesionalmente que inspira a la gente interesada a maximizar su potencial personal y profesional [definición del Consejo Europeo de *Mentoring* y *Coaching*].

Un *coach* ayuda de forma confidencial a un líder a evaluar cómo podría afrontar cualquier tipo de reto, ya se trate de problemas de gestión de personal o cuestiones relacionadas con el comportamiento y la mentalidad. Puedes preguntarle a un *coach* cualquier cosa que te ayude a ser un líder de éxito. Por ejemplo, cómo:

- Lidiar con un jefe demasiado crítico.
- Triunfar en tu nuevo y complejo puesto.
- Inspirar a tu equipo.
- Crear un mayor equilibrio entre tu trabajo y tu vida personal.
- Liderar con más prestancia y seriedad.
- Convertir tu visión en realidad.
- Gestionar a algunos miembros del equipo más veteranos y desmotivados.
- Ser más asertivo y extrovertido.

El *coach* no está ahí para darte respuestas definitivas, sino para ayudarte a llegar a tus propias conclusiones y planes, para hacer que veas las cosas desde una nueva perspectiva.

✓ *Ponlo en práctica*

....

ENCUENTRA UN *COACH* CON EL QUE TE SIENTAS CÓMODO

Normalmente, quienes trabajan en Recursos Humanos te buscarán un *coach* y tu organización correrá con los gastos. Intenta reunirte con al menos dos posibles candidatos en lo que se conoce como «reuniones de química». Durante estas reuniones, podrás evaluar con qué *coach* te sientes mejor y en qué medida crees que te entiende a ti y entiende tus retos.

ENCUENTRA EL VALOR PARA RECIBIR *COACHING*

Solo experimentando el *coaching* podrás descubrir sus beneficios. ¿Por qué no empezar con dos o tres sesiones repartidas a lo largo de unos meses, con una duración habitual de una o dos horas cada una y con una frecuencia mensual? Durante cada sesión, sal de la oficina y reúnete con tu *coach* en un lugar tranquilo. Lleva a las sesiones los temas sobre los que quieres reflexionar con la esperanza de descubrir la forma perfecta de responder, resolver algo o tener éxito.

Prepárate para mantener conversaciones que pueden resultarte extrañas: el *coach* te escuchará con atención, mostrará empatía, te hará muchas preguntas y te animará a compartir tus sentimientos, sueños, miedos, metas y preocupaciones.

23

TRABAJA CON PASIÓN POSITIVA

«Todas las personas prefieren trabajar bajo el sol, rodeadas de girasoles, en lugar de trabajar duro bajo un cielo oscuro y nublado».

Los mejores líderes crean y mantienen entornos de trabajo muy positivos porque esto se traduce en una mayor rentabilidad, satisfacción del cliente y compromiso de las personas empleadas. Los estudios lo confirman: uno de la Universidad de Michigan, publicado en el *Journal of Applied Behavioral Science*, puso de manifiesto que el liderazgo positivo y las prácticas de equipo ayudan a una organización a sobresalir por tres razones:

- Las emociones positivas en la oficina ayudan a las personas a trabajar bien y a ser más creativas juntas.

- Unos niveles más altos de positividad sirven como remedio contra la negatividad, conllevan menos estrés y las personas se recuperan con más facilidad de cualquier contratiempo.

- Quienes trabajan en un ambiente así se sienten mejor en general, lo que les permite ser más leales y estar más dispuestos a rendir al máximo.

He pasado suficiente tiempo en muchas organizaciones como para observar que esa positividad es muy contagiosa dentro de un equipo o una organización. Cuando un líder irradia positividad, su equipo se siente mejor y empieza a sonreír y a participar más. En definitiva, se vuelve más interactivo y colaborativo.

✓ *Ponlo en práctica*

....

SI YA ERES POSITIVO, SÉ UN MODELO

Mantener una actitud positiva puede ser algo natural en tu caso. Es posible que siempre estés alegre, lleno de energía y veas lo mejor de las personas y las situaciones que te rodean. Si este es el caso, sigue siendo un ejemplo y comparte tu positividad contagiosa, que las demás personas imitarán.

SI NO ERES UNA PERSONA POSITIVA, CAMBIA

¿Quizás te cuesta ser feliz y positivo todo el tiempo? No estás solo. Puede que incluso sientas que eres una persona negativa por naturaleza. No es fácil combatir una tendencia y conozco a líderes que admiten sentirse cómodos con una mentalidad negativa y pesimista, y no tienen ninguna intención de cambiarla.

Esto puede deberse, en cierta medida, al lugar donde trabajas o has trabajado. Te resultará más fácil romper con esa mentalidad o hábito negativo si intentas trabajar en entornos positivos, tolerantes, divertidos, solidarios y llenos de risas y felicidad. Encontrar un entorno así puede implicar tener que renunciar a tu trabajo para pasar a formar parte de una cultura laboral más saludable.

También puedes buscar la ayuda de un *coach* o un terapeuta especializado en terapia cognitivo-conductual (TCC). A través de una serie de sesiones repartidas a lo largo de al menos unos meses, podrías cambiar radicalmente de forma de pensar y de comportarte contigo, en el trabajo y en la vida.

24

¿QUÉ LLEGARÍAS A SACRIFICAR?

«A menudo hay que renunciar a algo, ya sea tiempo, opciones o energía, para alcanzar los objetivos».

Piensa en lo que estarías dispuesto a sacrificar para vivir una carrera exitosa como líder. Es imposible alcanzar todos los sueños y metas relacionados con el liderazgo sin sacrificar algo. Estos son algunos ejemplos de sacrificios que quienes lideran deben hacer:

- El tiempo es el más común, dado que solo tienes un número limitado de horas al día y no puedes estar en todos los sitios a la vez. Muchos líderes renuncian al tiempo que pasan con su familia por las tardes o los fines de semana para dedicarlo a teleconferencias, correos electrónicos, viajes de negocios y reuniones, así como para hacer frente a crisis puntuales, emergencias y plazos que se agotan.

- Dejar atrás el pasado también es un sacrificio habitual. Por ejemplo, es posible que hayas sido un vendedor de éxito acostumbrado a cerrar tus propios acuerdos con clientes y a ganar grandes comisiones por ventas. Cuando te ascienden para dirigir un equipo de ventas, es posible que pierdas la oportunidad de tener tus propios éxitos comerciales y tengas que adaptarte a ayudar a tu equipo a cerrar sus propios acuerdos.

- Como líder, a veces debes sacrificar tus propias necesidades para anteponer las de tu equipo con el fin de motivarlo e inspirarlo, lo que implica escuchar y responder a sus necesidades. Como resultado, habrá ocasiones en las que sus opiniones, puntos de vista y objetivos prevalecerán sobre los tuyos.

- Algún día, es posible que tengas que hacer el sacrificio definitivo: renunciar y abandonar tu puesto de liderazgo para asumir responsabilidades y rendir cuentas por los errores graves o el bajo rendimiento tuyo o de tu equipo.

✓ *Ponlo en práctica*

. . . .

SACRIFICARSE PARA DAR BUEN EJEMPLO

Si además de ser el líder también te sacrificas, puede ser muy inspirador y motivador para tu equipo. Esto podría hacer que acabasen haciendo lo mismo.

• Al trabajar ocasionalmente durante el fin de semana, puedes animarlos a hacer lo mismo cuando sea necesario.

• Dejar de lado tus propias necesidades en favor de las suyas puede animarlos a hacer lo mismo con otros compañeros.

Estos son ejemplos de cómo liderar con el ejemplo, una habilidad esencial para cualquier líder de éxito.

¿VALEN LA PENA LOS SACRIFICIOS QUE HACES?

Intenta pensar bien tus decisiones antes de tomarlas; no querrás arrepentirte más adelante de los sacrificios realizados. Por ejemplo, no tiene mucho sentido trabajar muchas horas para conseguir un ascenso a costa de arruinar tu matrimonio y no ver nunca a tus hijos antes de que se vayan a dormir. Habrás logrado el éxito profesional a corto plazo a costa de mirar atrás más adelante con rabia por la estupidez cometida.

HAY COSAS QUE NO SON NEGOCIABLES

Nunca sacrifiques tu ética ni integridad tan solo para alcanzar tus ambiciones y objetivos de liderazgo. Algunos ejemplos podrían ser hacer trampas robando ideas y afirmando que son tuyas para avanzar en tu carrera o fingir que has completado una tarea por el mero hecho de ganar una bonificación.

2 5

NO DIGAS *SÍ*
SI QUIERES DECIR *NO*

«Vivimos en un mundo de falsedades, en el que la gente
rara vez dice lo que realmente piensa».

Deja de responder *no* cuando realmente quieres decir *sí* y *sí* cuando quieres decir *no*. En su lugar, empieza a actuar con sinceridad y deja de ocultar lo que sientes, piensas y quieres. Todas las personas somos culpables, en mayor o menor medida, de hacerlo y, a veces, por muy buenas razones:

- Para no molestar o herir a otra persona.
- A fin de permitir que otra persona gane una discusión.
- Para mantenernos en nuestra zona de confort.

Como líder, debes vivir según unos estándares más elevados que las demás personas, dado que tienes una responsabilidad hacia quienes te siguen. Independientemente del número de personas a quien diriges, lideras a otras personas y tus palabras, acciones y decisiones pueden tener un gran impacto en ellas. Hay muchas formas en las que tú y tu equipo os veis afectados cuando no se dice lo que de verdad se siente:

Aceptar y decir sí cuando...	Decir no...
• Te piden que asumas más trabajo, incluso cuando no hay capacidad disponible dentro de tu equipo. • Te piden que acortes el plazo de un proyecto, lo que te deja con una fecha límite imposible de cumplir. • Cuando te preguntan si estás de acuerdo con la opinión de tu jefe sobre un tema importante, aunque realmente no lo estés. • Te dicen que aceptes algunos recortes en el presupuesto y la plantilla de tu departamento sabe que son irrazonables y que harán imposible cumplir los objetivos de ventas del próximo año.	• A un ascenso porque estás en tu zona de confort y temes no tener éxito en el nuevo puesto, aunque sabes que sería un gran paso en tu carrera. • A una oportunidad para que tú y tu equipo hagáis una presentación ante la junta directiva global porque te incomoda hacer presentaciones, aunque la visibilidad sería fantástica para ti y tu equipo. • A liderar un equipo de proyecto, a pesar de la gran exposición y experiencia que te proporcionaría la ocasión.

✓ *Ponlo en práctica*

....

HAZ LO CORRECTO DESDE HOY MISMO

Cuando te enfrentes al dilema de decir *sí* o *no*, tómate tu tiempo para pensar y reflexionar con el fin de determinar cuándo un *sí* es la respuesta ideal y cuándo la respuesta óptima es la contraria. Una vez que hayas tomado una decisión, ten...

... EL VALOR DE DECIR *SÍ*

- A aprovechar las oportunidades que deseas, a pesar de tener ansiedades y miedos a adentrarte en lo desconocido.
- A salir de tu zona de confort, a pesar del miedo a emprender algo nuevo.
- Incluso si eso puede sorprender o molestar a otras personas.
- Expresándote y superando cualquier atisbo de timidez, modestia e introversión.

... LA FUERZA PARA RECHAZAR Y DECIR *NO*

- Y dejar de aceptar comentarios, peticiones y consejos con los que no estás de acuerdo.
- Siendo asertivo y claro en tus comunicaciones.
- Con una actitud que te ayude a afrontar cualquier crítica y presión de tus compañeros.
- Y aceptar que puedes molestar a tus compañeros, sobre todo si has dicho que *sí* a todo en el pasado.

No es fácil y, a veces, simplemente hay que dar el primer paso y lanzarse.

26

BUSCA Y ACEPTA EL *FEEDBACK*

···

*«Los comentarios positivos y constructivos para quien asume el liderazgo
son como el agua y la luz del sol para una planta:
la energía que le permite crecer, expandirse y florecer».*

I magina que nunca recibieras comentarios, opiniones u observaciones de ningún tipo sobre tu comportamiento, estilo, hábitos y rendimiento laboral. Podrías sentir que lo haces todo a la perfección porque nadie te ha hecho comentarios ni críticas. Sin embargo, sería peligroso porque, sin comentarios, nunca sabrías cómo mejorar y crecer como líder, ni si lo que estás haciendo está bien o no. No sabrías bien cómo los demás te perciben y te ven. Sería como conducir un coche sin retrovisores, por lo que estarías rodeado de puntos ciegos al volante.

Los líderes de más éxito siempre buscan *feedback* para comprender mejor lo que otras personas piensan y esperan de ellos, de su equipo y de su trabajo. La información obtenida les ayuda a mejorar la forma en que se lideran a sí mismos y a los demás.

No es necesario que estés de acuerdo con todo lo que escuchas, pero ¿no es mejor saber lo que piensan y sienten los demás, en lugar de lo contrario? Afortunadamente, la retroalimentación suele ser fácil de obtener. De hecho, puedes pedirla sobre cualquier aspecto de ti mismo y de tu trabajo: tu capacidad para liderar, motivar, comunicarte, tomar decisiones y colaborar. Puedes pedir opiniones a cualquier persona que te conozca a ti y lo que haces, aunque es posible que no todos a los que se lo pidas estén dispuestos a responder a tu solicitud, en cuyo caso debes respetar sus deseos. Algunas personas pueden mostrarse reacias a compartir cualquier comentario negativo por miedo a molestarte o pueden sentir que no te conocen lo suficiente o que no tienen nada valioso que compartir.

✓ Ponlo en práctica

BUSCA COMENTARIOS CON REGULARIDAD Y DE FORMA PROACTIVA

En primer lugar, averigua si tu empresa ya cuenta con un proceso de *feedback*. El más común es una encuesta en línea global, ya sea anual o semestral, en la que se recopilan las respuestas que se entregan como comentarios anónimos.

Este proceso formal es un buen comienzo, pero no es suficiente. Es mejor solicitar comentarios de forma más regular y menos formal para poder evaluar cómo se percibe tu trabajo y tu liderazgo. Pide a las personas que trabajan para ti que te proporcionen comentarios mensuales en forma de respuestas a estas preguntas, preferiblemente de forma verbal:

- «¿Qué observaciones tienes sobre mí como tu jefe durante el último mes? ¿Qué he hecho bien y qué no tan bien?».

- «Durante el próximo mes, ¿qué me recomendarías que hiciera más o mejor?».

Esta segunda pregunta se conoce como *feedforward* (retroalimentación a futuro), en contraposición al *feedback*, y consiste en pedir a las personas que te den consejos para el futuro en lugar de comentarios sobre tu comportamiento pasado.

Agradece siempre a quienes te dan *feedback* enviándoles un correo electrónico o diciéndoselo en persona. No se espera que actúes según todas las sugerencias que te den, pero ten en cuenta aquellas que puedan ayudarte a liderar mejor.

27

AFRONTA
LA RESISTENCIA
AL CAMBIO

«La gente rara vez salta de alegría al ver que algo cambia en su vida».

Siempre hay cosas que cambian, algo nuevo o diferente que ocurre, por lo que es poco habitual que algo permanezca igual durante mucho tiempo. Para la persona que lidera, lidiar con todos los cambios que la rodean puede ser increíblemente difícil. Un líder típico puede sentirse cómodo y satisfecho con la forma en que fluyen las cosas cuando, de repente, se produce un gran cambio que le hace sentir:

- Confusión, desmotivación, malestar, incomodidad e incluso miedo.
- Que no está dispuesto a aceptar el cambio, por lo que en su lugar opta por resistirse y luchar contra él.
- Tan mal que incluso podría optar por dimitir.

Es humano luchar de esta manera porque es difícil tener que dejar atrás lo viejo para dar paso a lo nuevo, renunciar a lo familiar por algo desconocido. Estas reacciones ante el cambio son comparables a cómo se afronta la muerte de un ser querido. En su famosa obra, la Dra. Elisabeth Kübler-Ross describe un proceso predecible de duelo, que es exactamente el mismo por el que pasamos cuando nos enfrentamos a cualquier cambio difícil. Las etapas de este proceso son:

- Sentir conmoción y sorpresa.
- Sentir ira, frustración y confusión.
- Querer negociar y regatear.
- Llegar a la aceptación.

Quienes mejor lideran se acostumbran a guiarse a sí mismos y a sus equipos a través de este proceso de afrontamiento del cambio.

✓ Ponlo en práctica

SUPERA EL PROCESO DE DUELO

Ya sea trabajando sin compañía o con tu equipo, debes atravesar las diferentes etapas para poder afrontar, comprender y aceptar con éxito cualquier cambio.

- Dedica tiempo a superar cualquier impacto o sorpresa, pero no niegues la necesidad del cambio ni ignores el hecho de que va a producirse.

- Trata de comprender por qué puede ser necesario un cambio y de entender las razones y los beneficios del mismo. Compártelos con tu equipo para ayudarles a ver los cambios desde una perspectiva más positiva. A veces esto puede resultar difícil si tú o tu equipo consideráis que el cambio es innecesario e incluso perjudicial, y ningún argumento positivo logrará cambiar esta forma de pensar.

- Permite que tu equipo exprese sus sentimientos y ayúdales a comprender que cualquier cambio requiere esfuerzo, y que puede parecer abrumador y que es normal que alguien sienta ansiedad e incluso temor cuando se enfrenta a algo nuevo.

- Dedica tiempo a que las personas debatan el cambio. Es natural que alguien quiera saber si el cambio tiene que producirse ahora y según lo previsto.

- Ayuda y anima a tu equipo a sentirse cómodo, a aceptar el cambio en lugar de simplemente a resignarse a vivir con él. Obviamente, ayuda si tú también aceptas y estás de acuerdo con el cambio y ya has superado tus propias preocupaciones y reservas. Así que intenta trabajar primero en ti mismo.

ALGUNAS PERSONAS NECESITAN MÁS TIEMPO

A algunas personas les cuesta mucho aceptar los cambios. Dedica más tiempo a hablar con ellas para comprender por qué se resisten o están descontentas, y esfuérzate por responder a sus inquietudes. Por ejemplo, cuando:

- Se retraen porque carecen de las nuevas habilidades o conocimientos necesarios: asegúrate de que sepan que puedes organizar una formación.

- Les preocupa tener dificultades con los nuevos procesos: ofréceles tu apoyo.

- Se sienten agotadas y ven el cambio como «la gota que colma el vaso»: concédeles algún descanso o dedícales más atención.

28

ACEPTA EL FRACASO

«No fracasar nunca es la forma más fácil de asegurarse no tener éxito nunca».

¿ Te preocupa cometer errores, tomar decisiones y elecciones equivocadas? Si es así, no eres el único: nueve de cada diez líderes admiten que lo que más les preocupa y les quita el sueño es el miedo al fracaso. Esta conclusión proviene de una encuesta realizada en 2018 por Norwest Venture Partners, que entrevistó a doscientos directores generales y fundadores de empresas privadas.

En un mundo tan incierto como el actual, el fracaso es inevitable. Puedes reducir la posibilidad de que ocurra empleando todo tipo de conocimientos para asegurarte de que tus acciones y decisiones sean las perfectas, pero aun así habrá días en los que, por cualquier razón, puedas fracasar:

- Si los ingresos reales por ventas están muy por debajo de tus previsiones de ventas.
- Si los costes de construcción de una nueva fábrica duplican el presupuesto previsto.
- En caso de que el nuevo miembro de tu equipo tenga un rendimiento deficiente y deba ser despedido.
- Si tu estrategia de negociación con un proveedor clave no funciona.
- Si pierdes frente a un competidor cuando intentas ganar una nueva cuenta clave de cliente.
- Si tu estrategia es débil y quedas en último lugar ante una votación.

¿Cómo reaccionas cuando no logras lo que te habías propuesto o cuando has tomado una mala decisión? Es probable que te sientas avergonzado, preocupado por el trabajo, con ganas de ocultar el fracaso y tal vez desviando la culpa y señalando a la persona que tienes al lado. Estas son reacciones comunes, pero, lo que es peor, he descubierto que los líderes a veces se tapan los oídos y evitan hablar de sus fracasos y actúan como si nunca hubieran ocurrido. Sin embargo, quienes mejor lideran saben que actuar así es el camino perfecto al desastre. Para mejorar como líder, debes aceptar tus dificultades y fracasos y asumir las lecciones que te pueden enseñar para crecer, seguir adelante y no volver a cometer los mismos errores.

✓ Ponlo en práctica

ADOPTA UNA MENTALIDAD EXPERIMENTAL

Sé un líder tolerante con el fracaso y anima a tu equipo a experimentar y explorar constantemente, a probar nuevas ideas, a trabajar con nuevas personas y descubrir nuevas formas de trabajar, etc. Motiva e inspira a tu equipo para que nunca se frene por miedo al fracaso. En lugar de eso, anímales a ser innovadores y enséñales que las cosas rara vez salen según lo planeado y que, a veces, un resultado infructuoso puede abrir la puerta a nuevos éxitos y descubrimientos.

APRENDE DE LO OCURRIDO

¡Los errores ocurren! Tu trabajo como líder es crear una cultura de trabajo en la que todas las personas lo comprendan y en la que todas debáis tener una mentalidad abierta y ser lo suficientemente reflexivas como para llevar a cabo un «ejercicio de lecciones aprendidas» después de cada fracaso con el fin de aprovechar al máximo el rendimiento del esfuerzo que habéis invertido.

Cuando se produzca un fracaso, siéntate con tus colegas para explorar abiertamente y responder a estas dos preguntas:

- «¿Qué ha pasado y por qué, y qué podemos aprender de esto?».

- «¿Cómo podemos hacernos más fuertes y ser personas más sabias para asegurarnos de tener más éxito en el futuro?».

No trates estas sesiones como oportunidades para culparos mutuamente y haceros daño. Deben ser sesiones de intercambio de ideas con el objetivo explícito de ayudar a todos a crecer y tener más éxito en el futuro.

29

NO CONFÍES EN LAS VICTORIAS DEL PASADO

....

«Los éxitos profesionales del pasado no garantizan el éxito en el presente».

Los miembros más destacados de tu equipo pueden ser los peores candidatos para liderarlo por varias razones. Tu peor error podría ser ascenderlos a un puesto de liderazgo. Veamos los siguientes ejemplos:

- Un vendedor de gran rendimiento que se centra tan solo en sus propios éxitos comerciales puede tener dificultades para dar un paso atrás y gestionar a todo un equipo de ventas. Es posible que no esté dispuesto a renunciar a centrarse en su propio trabajo y le resulte difícil concentrarse en formar, animar y apoyar al equipo para que alcance sus propios objetivos comerciales y profesionales.

- Una ingeniera de *software* está tan acostumbrada a trabajar sola, confiando en su personalidad introvertida —que le ayuda a pensar tranquilamente en los problemas—, que puede tener dificultades para dirigir un departamento que le exige ser una comunicadora inspiradora.

- Un contable adicto al trabajo y centrado en los detalles es ascendido al puesto de director financiero y, en su nuevo cargo, rara vez delega tareas. Cuando lo hace, no puede evitar gestionar muy de cerca lo que hacen quienes forman parte de su equipo.

- El miembro más entusiasta y dominante de un equipo de marketing es nombrado jefe del equipo. Es admirado por sus compañeros de mayor rango, pero sus compañeros inmediatos se niegan a trabajar bajo sus órdenes alegando que es demasiado egoísta, nunca escucha y solo le preocupa su propio éxito y visibilidad.

Es habitual que alguien sea ascendido en función de su rendimiento pasado y que en su nuevo puesto le resulte difícil tener éxito, quizás por no poder hacer frente a la elevada carga de trabajo o a la complejidad de los problemas. A veces denominado «ascenso al nivel de incompetencia», este es un motivo habitual por el que alguien que había tenido mucho éxito puede fracasar inesperadamente en su carrera e incluso ser despedido.

✓ *Ponlo en práctica*

DIFERENCIA ENTRE RENDIMIENTO Y POTENCIAL

¿Cómo se puede separar el rendimiento actual de una persona de su potencial para desempeñar funciones más importantes en el futuro? Lo mismo puedes aplicarte a ti mismo en lo que respecta a tu propio rendimiento y potencial. La mayoría de las empresas globales son conscientes de ello y supervisan y recompensan a su personal basándose en dos criterios distintos:

- Su rendimiento laboral real hasta la fecha.
- Su potencial para crecer en la organización y tener éxito en puestos de mayor responsabilidad.

Por esta razón, un líder o empleado de alto rendimiento puede ganar grandes bonificaciones por superar sus objetivos anuales o indicadores clave de rendimiento (KPI), pero aun así no ser considerado apto para un ascenso a un puesto de mayor responsabilidad.

NO FRACASES EN TU PRIMER PUESTO DE LIDERAZGO

Cuando tengas la suerte de que te hayan ascendido a un puesto de liderazgo, sé lo suficientemente humilde como para admitir que las habilidades que te han llevado hasta ahí pueden no ser adecuadas o suficientes en tu nuevo puesto. Para tener verdadero éxito, necesitarás habilidades y desarrollar estilos y comportamientos totalmente nuevos. Si no tienes la seguridad de cuáles son, pregúntales a tu jefe y a quienes ocupen puestos de liderazgo similares al tuyo. Probablemente, tus nuevas habilidades habrán de incluir aprender a:

- Dejar de hacerlo todo solo por ti y empezar a delegar y empoderar a tu equipo.
- Dar un paso atrás en lugar de centrarte en los detalles, microgestionar menos y no confiar en el trabajo de las demás personas.
- Dar crédito a los miembros del equipo en lugar de simplemente buscarlo para ti.
- Dejar de ser un colaborador único o solitario y, en su lugar, comunicarte más con los demás, pasando de una mentalidad del «yo» a una del «nosotros».
- Controlar tus emociones porque ahora tienes un equipo que se verá influido por tus reacciones.

30

APRENDE, DESAPRENDE, VUELVE A APRENDER

«Los mejores líderes son como alumnos de escuela: se pasan sus días aprendiendo».

V ivimos en un mundo en el que constantemente aparecen nuevos conocimientos y datos. Hoy en día, se estima que la información y el conocimiento humanos totales se duplican casi a diario. Al mismo tiempo, muchos conocimientos se quedan rápidamente obsoletos y son sustituidos: las ideas que son válidas hoy pueden tener poca relevancia mañana.

Como líder, debes lidiar con este crecimiento exponencial de nuevos conocimientos disponibles. Este fenómeno se observa en todas partes:

- Un nuevo proceso de fabricación se queda obsoleto en menos de un año.

- Los datos sobre un nuevo mercado para tus productos dejan de ser útiles en pocos meses.

- La adopción de nuevos estilos y modelos de liderazgo basados en las «mejores prácticas» exige una renovación casi anual.

- Hay que mantenerse al día con las interminables nuevas amenazas a la ciberseguridad y otros retos de gestión de riesgos.

- Se debe hacer malabarismos con numerosas actualizaciones de todos los sistemas y procesos que se gestionan.

- Existe una presión constante para reestructurar y reorganizar ante nuevas evidencias de que las cosas se pueden hacer mejor.

Es imposible ser un líder de éxito si no se aprende, desaprende y se vuelve a aprender constantemente. Si no te interesa leer artículos o libros, asistir a conferencias o escuchar las ideas y experiencias de otras personas, estás condenado al fracaso. También, si te cuesta renunciar a tus antiguas opiniones y conocimientos para dar cabida a nuevos conceptos e ideas. El liderazgo y el aprendizaje son indispensables y se retroalimentan.

✔ *Ponlo en práctica*

MOLDEA TU MENTALIDAD

¿Sientes incomodidad cuando tus suposiciones, creencias y conocimientos se ven cuestionados por nuevas ideas y aceptas que gran parte de lo que sabes en la actualidad acabará siendo obsoleto? Si es así, ¡deberías darle unas cuantas vueltas a este asunto!

Cada mes, realiza una auditoría de conocimientos tomando nota de:

- Las nuevas ideas y conceptos que hayas encontrado en los últimos treinta días que te parezcan importantes para tu trabajo, aunque quizás aún no lo comprendas del todo.

- Los conocimientos, procesos y habilidades técnicas y sociales relevantes que necesitas empezar a aprender.

- Cuáles de tus antiguos patrones de pensamiento, ideas y conocimientos ya no son relevantes y han quedado obsoletos.

Busca un compañero o mentor con ideas afines con quien poder hablar de todo esto, que te ayude a seguir siendo responsable para continuar aprendiendo y formándote, y que te anime a dejar atrás cualquier forma de pensar e ideas obsoletas.

LA LECTURA ES CLAVE

Siempre hay algo que puedes leer o escuchar que mejore tus conocimientos: puede estar relacionado con habilidades técnicas o de liderazgo, tu organización, ámbito industrial o entorno empresarial.

Aprovecha el tiempo de forma inteligente y lleva siempre contigo estos materiales para leerlos en cualquier momento de tranquilidad, por ejemplo, durante vuelos o en taxis. También puedes escuchar un podcast mientras conduces al trabajo.

BUSCA RETOS DE FORMA PROACTIVA

«No se es un líder si nunca se da un paso al frente
para abordar los problemas y los retos».

E l liderazgo es una expedición: implica llevar a equipos, empresas y organizaciones hacia territorios nuevos y desconocidos, donde les esperan todo tipo de retos. Estos pueden provenir de la necesidad de aprovechar nuevas oportunidades, sacar el máximo partido a nuevas ideas, tecnologías y mercados, o de la necesidad de hacer frente a todo tipo de problemas, amenazas y riesgos.

Estos retos deben afrontarse sin miedo. Quienes mejor lideran nunca los evitarán, por muy complicados, confusos o peligrosos que puedan parecer a primera vista. A veces se abordarán con urgencia y rapidez y otras veces con calma, solo después de una planificación cuidadosa. Los grandes líderes suelen ir un paso más allá: en lugar de esperar a que lleguen los retos, los buscan de forma proactiva.

Además de ayudar a la organización, cuando un líder está dispuesto a salir de su zona de confort para afrontar los retos necesarios, también aumenta su propia visibilidad y sus oportunidades profesionales. Al levantar la mano y ofrecerte para asumir retos, como liderar proyectos y tareas difíciles, te pones en el punto de mira y tus compañeros más veteranos pueden empezar a verte como un líder de referencia, dispuesto a asumir tareas difíciles y arriesgadas que otras personas no están dispuestas a asumir.

✓ *Ponlo en práctica*

CONVIERTE LA BÚSQUEDA DE RETOS EN UN HÁBITO

Reúne a tu equipo y realiza lluvias de ideas periódicas para descubrir y evaluar todos los posibles retos que aún no hayas reconocido o abordado por completo. Estos retos pueden ser actuales o preverse de cara a un futuro próximo. Pueden adoptar diversas formas:

- Te das cuenta de que cada vez es más difícil contratar ingenieros.
- Tu planta se está quedando sin una materia prima esencial.
- Un cliente clave parece tener problemas de liquidez cada vez más graves.
- El personal clave se está jubilando sin visos de continuidad.
- Aumentan las tensiones entre los departamentos de la empresa.
- Un nuevo competidor acaba de lanzar un producto más barato que puede quitaros cuota de mercado.

Ten en cuenta que tu entusiasmo por asumir tareas desafiantes puede tener sus desventajas, como la necesidad de trabajar más horas y el riesgo de sufrir estrés. Ten cuidado de no excederte en este aspecto y buscar problemas que resolver solo por el simple hecho de hacerlo, ya que podrías dar la impresión de que no paras de encontrar desafíos a cada momento. Tu equipo podría enfadarse porque les estás creando más trabajo de manera innecesaria.

ELABORA UN PLAN DE ACCIÓN PARA ABORDAR CADA RETO

Debes decidir cómo responder a cada desafío que descubras.

- Involucra a los miembros del equipo y compañeros de trabajo para que te ayuden a analizar y comprender cada problema y a decidir cómo abordarlo y resolverlo.
- Decide si el reto debe abordarse ahora, más adelante o incluso si puede ignorarse por completo.
- Crea un plan de acción.
- Acuerda cómo obtendrás los recursos y las aprobaciones necesarios para implementar el plan de acción.

3 2

LA TORMENTA
EN EL EQUIPO

*«Los nuevos miembros del equipo pueden desestabilizar al equipo veterano,
como si se arrojara una piedra a un estanque en calma».*

U n equipo pasa por una serie de etapas similares a las que enfrentamos al pasar de la infancia a la adolescencia y, de ella, a la edad adulta. Es de vital importancia que ayudes a tu equipo a navegar por las etapas iniciales, que pueden ser potencialmente disruptivas.

- **Etapa de formación.** Es la primera de todas, cuando el equipo acaba de crearse y todo es nuevo, no se comprende todo ni sus miembros reman en la misma dirección. Las relaciones no se han desarrollado, los objetivos no están alineados y no se han acordado las tareas. Un equipo consolidado puede volver a caer en esta etapa de formación cuando se produce un cambio importante, como el nombramiento de un nuevo jefe, la incorporación de nuevos miembros o ante un cambio de objetivos y metas.

- **Etapa de conflicto.** Se puede comparar con la rebeldía de la adolescencia. Es en esta etapa, la más difícil, cuando los miembros del equipo se sienten más cómodos y empiezan a aprender lo que pueden hacer sin que se los castigue. Esto puede implicar expresar opiniones, desafiar o tomar atajos. Si no se gestiona bien, esta etapa puede dar lugar a conflictos, a culpar a los demás miembros y a comportamientos disruptivos que conduzcan a malas relaciones y a un rendimiento deficiente.

- **Etapa de normalización.** Es el momento en el que un equipo supera los retos de la etapa de conflicto y comienza a funcionar como un grupo cohesionado y saludable en términos de objetivos, confianza y colaboración.

- **Etapa de rendimiento.** Es la etapa ideal de cualquier equipo y se caracteriza por altos niveles de motivación, interacción, responsabilidad, compromiso y colaboración; cualquier conflicto tiende a llegar a buen puerto.

Estas etapas forman parte de un modelo de desarrollo de equipos, propuesto por primera vez por el profesor de psicología estadounidense Bruce Tuckman en la década de 1960. El modelo puede ayudarte a centrarte en cómo debes ayudar a tu equipo a convertirse en uno de alto rendimiento lo más rápido posible.

✓ *Ponlo en práctica*

··

GESTIONA BIEN AL NUEVO EQUIPO

- Selecciona bien a los nuevos miembros del equipo en términos de personalidad, mentalidad y actitud para asegurarte de que encajen en tu grupo actual. A la hora de decidir a quién contratar o invitar, elige siempre a alguien que sea capaz de trabajar en equipo antes que a una persona muy individualista, para así asegurarte de que colaborará y compartirá con las demás personas.

- Introduce nuevos objetivos, metas, procesos y sistemas de forma reflexiva para tratar de evitar cualquier malentendido, sobrecarga de trabajo, estrés y desmotivación. Dedica tiempo a comunicarte con todos los miembros para que comprendan todo a la perfección, incluyendo la aceptación de cualquier cambio que tengas que hacer.

- Como nuevo líder de un equipo, no seas tú la razón por la que el compromiso y la productividad puedan disminuir. Tómate las cosas con calma y observa y escucha antes de actuar. Ten en cuenta que tu equipo estará acostumbrado al estilo del predecesor y necesitará tiempo para adaptarse a tu estilo de liderazgo y a tus expectativas.

SUPERA LA FASE DE CONFLICTO

- ¿Qué normas de conducta necesitas para garantizar que tu equipo trabaje de forma fluida y positiva? Créalas y haz que se cumplan. Por ejemplo, si necesitas que la gente se prepare bien para las reuniones de dirección, dilo y sé coherente a la hora de exigirlo. Del mismo modo, si necesitas que los miembros del equipo se ayuden entre sí, haz que este sea un tema del que se hable y se debata con regularidad.

- Dedica tiempo a fomentar un alto nivel de confianza, promoviendo un estilo de comunicación abierta y abordando en una fase temprana cualquier posible conflicto o malentendido.

- Invierte en actividades de formación de equipos y eventos sociales para ayudar a acelerar el proceso de creación de vínculos y confianza.

- Dale a cada miembro del equipo suficiente retroalimentación en sesiones individuales y permíteles que también te la den a ti sobre tu papel como jefe. Esta cultura de comunicación abierta permite que las personas compartan sus inquietudes y preocupaciones antes de que se conviertan en problemas más graves.

33

PONTE EN EL LUGAR DE LAS DEMÁS PERSONAS

«Solo comprenderás verdaderamente a las demás personas cuando intentes ver el mundo a través de sus ojos».

Mostrar empatía saca lo mejor de las personas. Aquellas a las que muestras empatía suelen sentirse valoradas y comprendidas, y aprecian que te esfuerces por comprender sus preocupaciones, problemas, necesidades y sueños. No solo puedes ser empático con quienes tienes a tu cargo, sino con cualquiera con quien trabajes, incluidos compañeros, clientes y proveedores.

- Sentir empatía por tus clientes te permite comprender plenamente los problemas a los que se enfrentan y para cuya solución necesitan tu ayuda.

- Del mismo modo, al comprender a tus proveedores, podrás crear una relación más profunda y duradera basada en el entendimiento mutuo y las expectativas compartidas.

La empatía es ponerse en el lugar de otras personas, de sus emociones, sentimientos, estados de ánimo y necesidades. Forma parte de la inteligencia emocional. La inteligencia emocional comprende cuatro aspectos clave interrelacionados:

- Autoconciencia.
- Autogestión.
- Empatía.
- Interacción social.

Por lo general, si te has tomado el tiempo necesario para conocerte bien a ti mismo, para ser consciente de ti mismo, te resultará más fácil mostrar empatía. Hacerlo es una elección, se puede aprender y practicar, y es esencial para el éxito de cualquier líder. Sin este rasgo, te costará inspirar y motivar a tu equipo y se te considerará un líder frío e indiferente.

✔ Ponlo en práctica

MUESTRA EMPATÍA EN LOS MOMENTOS DIFÍCILES

Si deseas que te reconozcan como un líder verdaderamente inspirador, asegúrate de demostrar empatía en los momentos difíciles ante tus colegas, tu organización o tus clientes. Toma como modelo a la primera ministra de Nueva Zelanda, Jacinda Ardern. En 2018, demostró una enorme empatía al pasar tiempo con los familiares de las víctimas mortales del tiroteo en una mezquita de su país. Cuando se produce una catástrofe o una tragedia, es muy fácil dejarse llevar por el enfado o la ira, pero se necesita un gran liderazgo para mostrar también compasión, comprensión y cariño.

En el trabajo, hay muchos ejemplos en los que tu equipo necesitará tu apoyo y comprensión:

- Cuando pierdes un cliente importante y esto desmoraliza a tu equipo de ventas.
- Si tu equipo se agota por exceso de trabajo.
- En caso de que uno de los miembros de tu equipo no consiga terminar un proyecto a tiempo y esté muy molesto.
- Si un empleado clave es contratado por la competencia y el resto del equipo debe trabajar horas extras para cubrir el vacío.

En estos casos, debes comprender y reconocer cómo se siente tu equipo, dándoles tiempo para hablar, lamentarse, desahogarse, tomarse un descanso o liberar el estrés.

SÉ FIRME CON EMPATÍA

Como líder, siempre tendrás que mantener conversaciones difíciles y ser crítico con ciertas personas. Sin embargo, asegúrate de hacerlo siempre con empatía.

- Cuando necesites reprender a alguien, hazlo en privado y controlando las emociones. Habla con esa persona con calma, dándole tiempo para reflexionar y responder.
- Si tienes que despedir a alguien, hazlo, pero demuestra empatía avisándole con la mayor antelación posible, ofreciéndole apoyo y pagándole la indemnización correspondiente.

3 4

APRENDE A CALLAR

«A menudo, son las palabras que salen de la boca de un líder
las que provocan su caída».

¿ Eres el tipo de líder que siempre encuentra algo que decir en lugar de permanecer en silencio? Demasiadas personas que lideran parecen desesperadas por que los demás las escuchen y rara vez se guardan sus opiniones y puntos de vista para sí mismas. Estoy seguro de que habrás notado a menudo este hábito:

- Una persona que critica a su compañero por llegar tarde a una reunión.

- El gerente que no deja de hacer bromas inapropiadas.

- Un líder que siempre insiste en tener la última palabra en cualquier discusión, sin importar lo útil o apropiado que sea lo que tenga que decir.

- Un miembro del equipo siempre hace comentarios sobre la apariencia y el estilo de vida de las demás personas.

Actuar de esta manera, diciendo siempre lo primero que se le viene a uno a la cabeza, es una receta para el desastre y te llevará al fracaso como líder. Con el tiempo, provocarás que tus compañeros de trabajo se alejen cada vez más al no escucharlos ni respetarlos, y podrán pensar que los menosprecias, criticas en exceso y desmotivas. A medida que asciendes en el escalafón, tus palabras tienen más impacto y peso, por lo que pueden molestar a muchas más personas. Esto se puede observar en el caso de líderes mundiales como el presidente de los Estados Unidos o el primer ministro del Reino Unido, cuyos mensajes pueden inspirar o molestar a millones de personas.

✓ Ponlo en práctica

SÉ RÁPIDO PARA ELOGIAR Y LENTO PARA CULPAR

Antes de hablar, haz una pausa. ¿Lo que estás a punto de decir hará que alguien se sienta bien y le animará, o tendrá el efecto contrario de deprimirle y hacerle sentir mal? Comparte tus palabras positivas, pero piensa antes de ser negativo y crítico y decide si es absolutamente necesario molestar a alguien con lo que dices. A veces, es necesario hacerlo. Pero tal vez estés mostrando una actitud crítica tan solo porque quieres demostrar algo, ganar una discusión o poner a alguien en su lugar. Puede que simplemente estés actuando por costumbre y, al hacer una pausa, puedas decidir si conviene cambiar lo que piensas decir. Intenta consultarlo con la almohada y, al día siguiente, decide si todavía necesitas decir lo que tenías en mente.

Este mismo razonamiento se aplica a las bromas, comentarios improvisados que hagas e historias que cuentes. Algunos dejarán una sensación positiva y agradable y están bien para compartir, mientras que otros pueden ser ofensivos, insensibles o discriminatorios.

HAZ UNA PAUSA ANTES DE PULSAR «ENVIAR»

No solo debes hacer una pausa cuando hablas. Es posible que cometas el mismo error en los correos electrónicos. Es muy fácil enviar mensajes sin pensarlo mucho. La próxima vez que estés a punto de pulsar el botón de «enviar», haz una pausa y comprueba el tono, el significado y la intención de tu mensaje. Una vez que otra persona ha escuchado o leído tus palabras, ya es demasiado tarde: podrías disculparte, pero el daño ya está hecho. Redacta el correo y guárdalo como borrador. Vuelve a él más tarde y solo pulsa «enviar» si tienes la seguridad de que la elección de tus palabras es la adecuada.

35

APROVECHA TUS PUNTOS FUERTES

···

«Céntrate en lo que funciona en lugar de intentar reparar lo que no».

Es humano fijarse a menudo en el lado negativo de cualquier situación antes de centrarse en el positivo. Con las personas, tendemos a fijarnos siempre en sus debilidades en lugar de en sus puntos fuertes. Hacemos lo propio con nosotros mismos, preocupándonos por nuestros defectos en lugar de reconocer y celebrar nuestras cualidades y puntos fuertes.

Esto se aplica asimismo al mundo del desarrollo del liderazgo, donde tendemos a centrarnos en las carencias y debilidades de los líderes. Al hacerlo, intentamos imaginar a grandes líderes polivalentes, pero esto es un error. Utilizando una analogía deportiva, ¿cuántos deportistas se han convertido en polifacéticos que destacan en muchos deportes? Muy pocos, ya que la gran mayoría se centra en sus puntos fuertes: Lamine Yamal en su control del balón, Aryna Sabalenka en dominar la pista de tenis y Stephen Curry en su habilidad por encestar desde cualquier posición de la cancha. Imaginemos cuánto esfuerzo se habría desperdiciado si Lamine, Aryna o Stephen hubieran sido empujados a destacar en múltiples deportes desarrollando habilidades en las que no mostraban ningún potencial. La misma lógica se aplica a los líderes. Centrarte en tus puntos fuertes y aprovecharlos te ayudará a prosperar y destacar. Este enfoque del desarrollo del liderazgo basado en las fortalezas reconoce que:

- Los líderes tienen fortalezas particulares con las que nacieron o que han desarrollado a lo largo de los años. Estas habilidades les resultan más naturales y les cuesta menos esfuerzo desarrollarlas.

- Prefieren hablar y trabajar en estas fortalezas en lugar de tener que centrarse en mejorar sus habilidades más débiles o de las que carecen.

- Para un líder, puede resultar desmotivador e incluso estresante que se lo juzgue por sus puntos débiles, como si se evaluara a una persona diestra por su capacidad para escribir con la mano izquierda.

- Cuando una organización ayuda a sus líderes a desarrollar y utilizar sus fortalezas, estos pueden destacar más fácilmente tanto a nivel individual como colectivo.

✓ *Ponlo en práctica*

CONOCE TUS FORTALEZAS

Probablemente sabes cuáles son tus talentos y puntos fuertes. Si no estás seguro, realiza una evaluación de personalidad en línea que se centre en los puntos fuertes.

TRABAJA CON TUS FORTALEZAS...

- En todo momento, dedica tiempo y busca oportunidades para profundizar y ampliar tus fortalezas, asegurándote de que tus habilidades se mantienen a punto.

- Reflexiona acerca de tus planes profesionales para que cualquier puesto de liderazgo que asumas se adapte mejor a tus habilidades.

- Esto puede ser un proceso de prueba y error. Es posible que nunca encuentres la combinación perfecta, pero evita los puestos de trabajo en los que solo puedas tener éxito destacando en áreas en las que eres débil o no tienes talento o interés, ya que, de lo contrario, podrías estar abocándote al fracaso.

... Y RECONOCE TUS PUNTOS DÉBILES

- Decide qué debilidades, si las hay, están teniendo un impacto significativo y perjudicial en tu rendimiento como líder.

- Comprométete a desarrollar esas áreas más débiles o intenta cambiar el trabajo que asumes para evitar tener que utilizar esas habilidades concretas, por ejemplo, delegando ciertas tareas a otras personas.

- Algunos líderes optan por cambiar de profesión o de sector para adaptar mejor sus puntos fuertes y débiles a los requisitos de su puesto de trabajo.

APLICA EL MISMO RAZONAMIENTO A TU PROPIO EQUIPO

- Ayuda a tu equipo a desarrollar sus propias carreras profesionales aprovechando aquellas habilidades que son sus puntos fuertes.

- No les hagas sentir mal centrándote en sus áreas de debilidad.

- Haz que se centren en aquellas áreas más débiles que son esenciales para el éxito de su trabajo y su carrera profesional.

36

CONFÍA EN
TU INTUICIÓN

«Nunca ignores tus sentimientos sobre una situación,
una decisión o una persona».

Las corazonadas son una herramienta poderosa que te ayudará a liderar con éxito. Conocidas como intuición, instinto, vibraciones, presentimientos o sexto sentido, estas sensaciones son una especie de antenas. Te dan una idea de lo que está pasando, cuál es la decisión correcta o cómo es en realidad una persona. Seguro que has tenido muchos momentos en los que has tenido alguna corazonada, como cuando:

- Algo no te cuadra en una negociación comercial, a pesar de que todo parece ir bien.

- Estás entrevistando a un candidato con un currículum perfecto y que responde bien a tus preguntas, pero tienes la sensación de que su personalidad no es la ideal para el puesto.

- Uno de los miembros de tu equipo parece muy distraído, pero, cuando le preguntas, insiste en que todo va bien en el trabajo y en casa, aunque tú intuyes lo contrario.

- Tienes la sensación de que los miembros de tu equipo tienen problemas entre ellos, ya que parece que han dejado de socializar como un equipo.

- Mientras conduces al trabajo, tienes una idea brillante sobre cómo resolver un problema difícil con un cliente.

Liderar no es fácil, así que, si tienes una herramienta adicional que te pueda ayudar, úsala. Al fin y al cabo, las personas que te rodean pueden ser difíciles de entender, ya que no siempre revelan sus verdaderas intenciones y sentimientos, y las decisiones empresariales a las que te enfrentas son cada vez más complejas y desafiantes. Usar tu intuición puede darte una ventaja a la hora de intentar comprender a las personas y tomar las decisiones correctas.

✓ *Ponlo en práctica*

ESCUCHA TU VOZ INTERIOR

La próxima vez que no tengas la seguridad de algo o necesites tomar una decisión, tómate unos segundos para hacer una pausa y reflexionar. ¿Qué opinas de la persona que tienes delante? ¿Es necesario tomar esa decisión ahora mismo? ¿Cómo te sientes ante esta situación en este momento?

Es probable que tu cabeza te esté guiando hacia una conclusión aparentemente sensata, que podría ser que se contrate a la persona candidata que más te ha impresionado, se elija al proveedor más barato, se persiga la oportunidad de cliente más rentable o se confíe por completo en un nuevo compañero de trabajo muy servicial. Pero, antes de dar el visto bueno a la decisión, pregúntate si tu corazón está de acuerdo con tu cabeza y siente cómo reacciona tu cuerpo ante la decisión. Quizás sientas inquietud en el estómago, lo que te sugiere que algo puede estar mal, una sensación de que algo no es lo que parece. Cierra los ojos y pregúntate cómo te sientes realmente, observando lo que te viene a la mente. Una opción podría ser decidir que necesitas más tiempo.

Es más fácil percibir tus sentimientos internos cuando puedes liberarte del ruido que te rodea y del que tienes en tu interior. Intenta sentarte en un lugar tranquilo para reflexionar sobre decisiones importantes y calmar la mente, con sus innumerables pensamientos y opiniones. Puede que te ayude practicar meditación y yoga, además de pasar tiempo en la naturaleza, paseando por el bosque o por la playa. A veces, basta con consultar con la almohada. La mañana suele traer la respuesta.

ACTÚA SEGÚN TUS INSTINTOS

Ten el valor de seguir tu intuición, incluso cuando eso te haga parecer extraño. Cuestionar una decisión puede hacerte muy impopular. Sin embargo, recuerda que, como líder, no estás tratando de ganar un concurso de popularidad, sino que siempre intentas hacer lo correcto, incluso si estás en minoría. Comparte tus sentimientos y preocupaciones lo antes posible para evitar que una decisión se malogre en el último momento y prepárate también para explicar a tus compañeros lo que percibes y sientes.

37

NO DESCUIDES LAS HABILIDADES COMUNICATIVAS

«La forma en que te presentas ante las demás personas puede determinar el éxito o el fracaso de tu negocio».

Tu liderazgo se ejerce a través de la comunicación: dedicando tiempo a reuniones, escribiendo correos electrónicos, dando charlas, participando en conferencias telefónicas y videoconferencias y charlando con las personas que te rodean. Te costará mucho desempeñarte como líder si no sabes comunicarte y presentarte bien utilizando todas tus habilidades de comunicación verbal y no verbal.

Para la mayoría de los líderes, el tipo de comunicación más difícil es tener que ponerse delante de otras personas para hacer una presentación. Seguro que has visto a gente que se esfuerza por presentar en público: se tragan las palabras, sudan e incluso tiemblan, nunca miran al público, hablan demasiado bajo mientras intentan pasar decenas de aburridas diapositivas de PowerPoint. A mucha gente le encantaría evitar hacer presentaciones y prefiere hablar en grupos pequeños y comunicarse por teléfono, correo electrónico u otras vías virtuales.

Sin embargo, si quieres ser un líder de éxito, no puedes huir de las presentaciones y debes aprender a hacerlas bien. En una encuesta realizada en 2016 por Prezi y Harris a dos mil profesionales estadounidenses, casi el 70 % afirma que las presentaciones son fundamentales para su éxito en el trabajo.

Quizás seas uno de los pocos afortunados que se ilumina y se siente cómodo de forma natural cuando se sube a un escenario frente a una audiencia, por lo que para ti hacer presentaciones puede ser sencillo, una tarea sin estrés. Pero, suponiendo que no seas tan afortunado, debes estar preparado para perfeccionar tus habilidades, desarrollar tu confianza y practicar. No tienes otra opción si quieres crecer como líder, ya que no hacerlo puede ser perjudicial para alcanzar tus objetivos y para tu carrera: una presentación de mala calidad puede hacer que tu público se desconecte, pierda el interés y no se crea tus mensajes.

✓ *Ponlo en práctica*

··

PRESENTA COMO UN ORADOR EXCEPCIONAL

La buena noticia es que las habilidades comunicativas se pueden aprender y perfeccionar con la práctica, pero puede llevar tiempo dependiendo de tu nivel actual de confianza y habilidades. Por fortuna, hay cientos de charlas disponibles en línea, como en www.ted.com, por lo que puedes acceder fácilmente a ellas y aprender de comunicadores destacados que han dominado habilidades clave como las siguientes:

- Controlar el lenguaje corporal. Este debe estar en consonancia con los objetivos de tu presentación y no distraer la atención. Establece contacto visual con tu público y sonríe. Decide si vas a presentar sentado o de pie; en este último caso, decide si vas a permanecer quieto o moverte por la sala.

- El aspecto y el comportamiento al hablar. Esto transmite un mensaje a tu público, así que dedica siempre tiempo y atención a la elección de la ropa, calzado, arreglo personal, maquillaje y joyas.

- Mostrar confianza y demostrar que se conoce bien el tema. Puedes hacerlo practicando la presentación de antemano, de modo que el día de la puesta en escena estés más familiarizado con el contenido y puedas presentarlo con mayor fluidez.

- Proyectar la voz para que todas las personas asistentes puedan oírte. Siempre es bueno hablar a las personas que se encuentran al fondo de la sala para que tu voz llegue hasta ellas.

- Conocer a tu público en términos de sus expectativas, necesidades, opiniones y posibles preguntas.

- Seguir el mantra de «menos es más» a la hora de decidir la duración de la charla, su contenido, los accesorios que vas a utilizar y el diseño y número de diapositivas y vídeos de la presentación.

- Dar a la charla una estructura clara. Una buena introducción, en particular, puede captar el interés del público, al igual que una sección final impactante.

- Ganarse al público, creando una conexión emocional al compartir historias personales, recuerdos y otros buenos ejemplos personales.

3 8

RECONOCE TUS ERRORES

«Pedir perdón se suele considerar una debilidad,
cuando en realidad es una fortaleza».

L amento decirte esto, pero nunca podrás ser un líder perfecto. Es imposible saberlo y comprenderlo todo, comunicarse siempre de manera ideal o tomar decisiones y elecciones que sean siempre las acertadas. Lo mejor que puedes hacer es intentar en todo momento actuar y decir lo correcto, sabiendo que a veces lo conseguirás y otras veces te quedarás corto e incurrirás en todo tipo de errores. Ningún líder es perfecto y habrá muchas ocasiones en las que cometerás errores:

- Ignoras las buenas sugerencias de un miembro del equipo sobre cómo resolver el problema de un cliente, solo para descubrir que tu propia solución ha empeorado el problema.

- Prometes volver a hablar con tu superior para darle una respuesta a una pregunta importante y te olvidas de hacerlo.

- Insistes en que el plan de acción acordado, tal como lo recuerdas fruto de una reunión, es correcto, pero más tarde te das cuenta de que no lo es.

- Insistes en elegir quién es ascendido a un puesto vacante, pero resulta ser una elección muy mala y hay que despedir a esa persona.

Una medida clave de la madurez y el carácter de tu liderazgo es cómo respondes a tus errores y contratiempos. Con demasiada frecuencia, los líderes quieren ocultar sus malas decisiones o culpar a otras personas, alegando que no es culpa suya. Un buen líder demuestra valentía y humildad al ser lo suficientemente honesto y abierto como para admitir con humildad que se ha equivocado, ha cometido un error o acciones inapropiadas, ha tomado la dirección incorrecta o ha utilizado palabras poco afortunadas. Sé esa persona.

✓ Ponlo en práctica

DA UN PASO AL FRENTE Y ACTÚA CON HONESTIDAD

Es posible que te resistas a admitir tus errores por miedo a la vergüenza y a quedar mal, pensando que los demás te verán como una persona imperfecta, débil, mal preparada o imprudente. Sí, es posible que piensen todo esto, pero pensarán mucho peor de ti cuando descubran que has mentido acerca de cualquier asunto. Deja a un lado tu ego y tu incomodidad: muestra siempre sinceridad.

NUNCA TARDES EN RECONOCER LO OBVIO

Sé sincero contigo mismo y con aquellas personas afectadas por tu pensamiento o decisión erróneos y planifica de forma rápida y metódica con tus compañeros cómo vas a rectificar el problema. Ganarás respeto por ser abierto y no permitir que tu ego y tu terquedad se interpongan en decir y hacer lo correcto.

APRENDE A PEDIR PERDÓN

Da un paso adelante y pide perdón por haberte equivocado. Hazlo de la forma que consideres más adecuada, ya sea por correo electrónico, durante una reunión de equipo o en una reunión más amplia. Además de disculparte, reconoce y agradece a quienes te han señalado el error.

Reconoce abiertamente a aquellos compañeros que pudieron haber propuesto ideas o soluciones ideales que quizás hayas rechazado o ignorado. ¡La próxima vez, escúchalos más y piénsalo dos veces antes de descartar sus propuestas!

SIGUE ADELANTE CON ACTITUD POSITIVA

Aprende de las situaciones en las que te equivocaste revisando tu propia visión, tus suposiciones y prejuicios, así como cualquier proceso relevante de toma de decisiones, recopilación de información y lluvia de ideas para decidir qué cambios debes realizar para evitar que se repita.

39

VALORA
A TU EQUIPO

«Cuando nunca se les demuestra que se confía en ellas y se las valora, las personas asumen lo peor y dudan de sí mismas».

La mayoría de los empleados quieren sentirse empoderados, es decir, que se los apoye y anime a rendir al máximo de su potencial, que se les dé lo que necesitan para que puedan alcanzar sus objetivos sin necesidad de un apoyo constante, microgestión ni una supervisión exhaustiva. Los líderes de más éxito lo saben y siempre tratan de empoderar a sus equipos para que cada miembro del equipo tenga:

- La autoridad para tomar decisiones y la libertad para completar un proyecto sin necesidad de aprobaciones ni autorizaciones constantes por parte del jefe.

- Acceso a toda la información necesaria para completar su trabajo sin necesidad de recurrir constantemente a ayuda y asesoramiento.

- La plena autoridad para contratar a los miembros de su propio equipo y gastar dinero hasta los límites acordados.

- La libertad de resolver los problemas de atención al cliente y de los clientes sin tener que pedir permiso al jefe en cada ocasión.

La alternativa al empoderamiento es que un líder mantenga todo el control y la autoridad, gestionando todos los detalles del equipo y tomando todas las decisiones por sus miembros. En un entorno así, las personas a tu cargo se sentirán como pájaros encerrados en una jaula. Es posible que algunos de los empleados más perezosos estén contentos de que tomes las decisiones por ellos, pero la mayoría te odiará y muchos se desmotivarán, sentirán que no se confía en ellos y que se les impide expresarse y ser ellos mismos. Dejarán de esforzarse y de ir más allá, y dejarán de mostrar iniciativa, responsabilidad o creatividad. Las personas empleadas con más talento suelen acabar renunciando.

✓ *Ponlo en práctica*

....

DALE A TU EQUIPO LA LIBERTAD DE ACTUAR

Da un paso atrás de manera consciente. Deja a tu equipo espacio para trabajar de forma independiente, asumir responsabilidades y sentirse confiado:

- Proporciona a tu equipo las descripciones de puestos, los objetivos y los procesos necesarios por escrito y hazlo de manera que se les muestre claramente el grado de libertad e independencia que tienen (por ejemplo, en términos de toma de decisiones y autoridad para firmar).

- Siempre que sea posible, delégales toda la autoridad para completar sus tareas, en lugar de pedirles que soliciten a cada ocasión tu aprobación verbal o por escrito.

- Respeta los límites: no caigas en la tentación de intervenir y gestionar tú una tarea que les has delegado. Esto puede molestar mucho a las personas involucradas.

- Proporciona todos los recursos necesarios para que tu equipo pueda completar su trabajo de forma independiente: tiempo, mano de obra, presupuestos, herramientas y equipos, entre otros.

- Prepárate para recibir ideas y sugerencias de tu personal una vez que se sienta empoderado. Es inevitable que, al dar libertad a las personas para actuar, también las invites a compartir y a expresarse. Debes escuchar sus ideas con buen talante y agradecerles que las compartan.

- Aunque no se trate de asumir una gestión delegada, prepárate para intervenir cuando se te pida que proporciones orientación, asesoramiento y comentarios a los miembros de tu equipo, especialmente cuando estén haciendo algo por primera vez o tengan dificultades con partes complejas de su trabajo.

- Reconoce abiertamente los éxitos, logros y resultados de tu equipo que hayan conseguido sin tu participación activa. Siéntete orgulloso de haber capacitado a tu equipo para que se dirija a sí mismo y dirija su propio trabajo.

40

NO DESCUIDES LAS CONVERSACIONES TRIVIALES

«El liderazgo consiste en interactuar con éxito con las personas».

Tus habilidades para establecer contactos y relaciones pueden determinar el éxito o el fracaso de tu carrera en el liderazgo. Mantener una conexión y una relación estrecha con alguien puede tener todo tipo de consecuencias positivas:

- La dirección de tu banco podría estar dispuesta a financiar tus ideas de negocio.

- Un proveedor podría ser más comprensivo con tus dificultades temporales de liquidez y permitirte retrasar un pago.

- El personal a tu cargo puede sentirse más comprendido y valorado por ti y trabajar de forma más positiva.

- Los accionistas y socios comerciales podrían apoyar más tu visión y estrategia.

Estas conexiones pueden resultar muy valiosas cuando atraviesas dificultades, cometes errores graves o no logras tus objetivos. Tus compañeros de trabajo y otras personas con las que mantienes una relación sólida pueden estar más dispuestos a ayudarte.

No existe un número mágico de personas con las que un líder deba mantenerse en contacto. La respuesta depende de las circunstancias y de la personalidad de cada cual. En cualquier puesto de liderazgo, siempre habrá una serie de personas con las que deberás conectar para alcanzar todos tus objetivos y metas.

Si eres una persona tranquila, tímida e introvertida, es posible que te resulte incómodo relacionarte con más gente. En el otro extremo, una persona extrovertida a la que le encanta conocer gente puede tener cientos de amigos y conocidos. Pero tener una buena relación con alguien no depende de la frecuencia con la que habléis, sino de factores como lo que tenéis en común, cómo podéis ayudaros y apoyaros mutuamente y lo bien que os lleváis. Si en el pasado trabajaste estrechamente con alguien, hoy en día quizás solo necesites ver o hablar con esa persona una vez al año para mantener esa estrecha relación.

✓ *Ponlo en práctica*

DESARROLLA TUS PROPIAS HABILIDADES PARA ESTABLECER RELACIONES

Puede que seas una persona comunicadora nata a la que le encanta acercarse a desconocidos y entablar conversación. Si no es así, debes aprender a mejorar y dominar las habilidades necesarias para asegurarte de que construyes y mantienes relaciones importantes. Quizás necesites mejorar en:

- Superar tu timidez.
- Aumentar el nivel de confianza en ti mismo.
- Ser una persona más proactiva a la hora de intentar conectar con gente nueva.
- Aprender a evitar perder el contacto con las personas.

CREA UN MAPA DE PARTES INTERESADAS

Elabora una lista con los nombres de todas las personas con las que necesitas mantener una relación laboral a fin de tener éxito como líder. Conocida como mapa de partes interesadas, tu lista probablemente incluirá a compañeros de trabajo, mentores, clientes, socios, inversores, accionistas, proveedores, personal clave, antiguos compañeros de clase y otros contactos. Junto al nombre de cada persona, escribe una nota explicando por qué deseas mantener una relación con ella, por ejemplo: «Porque es un alto cargo en mi organización» o «Porque tiene buenos contactos con muchas de mis otras partes interesadas». Esta es una lista que puedes seguir ampliando con el tiempo.

DECIDE CÓMO MANTENER LAS RELACIONES

Para cada persona, anota las posibles formas prácticas de manteneros en contacto. Esto puede variar: desde verla todos los días en su oficina, reuniros para almorzar una vez al mes, tomar una copa de vez en cuando, hablar por WhatsApp, reuniros cuando viaja por negocios o en un evento anual de antiguos alumnos o una conferencia del sector. Sé sistemático a la hora de mantener esta lista de tareas pendientes sobre cuándo y dónde te pondrás en contacto con cada persona.

41

APRENDE A DELEGAR

«Solo un superhéroe adicto al trabajo es tan tonto
como para hacerlo todo él mismo».

Delegar es una herramienta muy poderosa que te ayudará a tener éxito en cualquier puesto de liderazgo. Parece fácil, pero en realidad es complejo hacerlo bien. Cada día tienes que completar diversas tareas. Tu reto es decidir quién hace qué. Si lo haces tú mismo, corres el riesgo de sobrecargarte y no tener tiempo para desempeñar tus otras responsabilidades de liderazgo. Puede que te sientas tentado a delegar siempre las tareas en tu personal más capaz y experimentado. A veces esto puede ser lo mejor, pero no siempre, ya que, como líder, debes equilibrar dos necesidades contrapuestas:

- Que el trabajo se haga bien, contando con el personal más cualificado para completarlo con el menor tiempo y esfuerzo posible.

- Desarrollar y motivar al personal menos experimentado asignándole nuevas tareas que le ayuden a dominar y ampliar sus áreas de especialización.

Si solo delegas en personas con experiencia, te enfrentas a dos riesgos:

- Esas personas se sobrecargan y se desmotivan, y con el tiempo pueden incluso dimitir.

- Los demás miembros de tu equipo pueden sentir envidia (por lo que perciben como un trato de favoritismo) y enfadarse porque nunca obtienen la experiencia y la exposición que conllevan esas tareas desafiantes.

✓ Ponlo en práctica

CAMBIA TUS PATRONES DE DELEGACIÓN

Crea un equilibrio ideal para mantener algunas tareas y delegar otras a los miembros de tu equipo con distintos niveles de experiencia. ¿Por qué quedarte ahí? Podrías delegar algunas tareas a otros compañeros, ¡quizás incluso a tu jefe!

- No delegues tareas siempre a las mismas personas de tu equipo. En su lugar, da a otras la oportunidad de aprender asumiendo este trabajo, pero reconoce que al principio pueden tener dificultades. Es posible que tengas que cambiar de mentalidad, dejar de centrarte tan solo en la realización de tareas y aprender a centrarte también en el desarrollo de las capacidades de las personas.

- Intenta rotar a las personas a las que delegas tareas, dando cada semana o cada mes a distinta gente la oportunidad de realizar determinadas tareas, especialmente aquellas que son más fáciles, así como las que son tediosas y aburridas.

- Deja de hacer las cosas tú mismo porque crees que es más rápido y fácil. Acepta que, a corto plazo, delegar tareas puede llevar más tiempo, ya que tendrás que orientar a la persona e incluso ayudarle. Pero, con el tiempo, a medida que tu equipo adquiera más habilidades, podrás asignarles trabajo sin necesidad de dar largas explicaciones ni de guiarlos constantemente.

- Conoce los puntos fuertes, las áreas de interés, las preferencias y las necesidades de desarrollo de los miembros de tu equipo. Sabiendo esto, intenta asegurarte de que las tareas que delegas a cada persona se ajustan a sus deseos y necesidades.

- Ten cuidado de no delegar siempre los peores trabajos a tu equipo solo porque no deseas realizar tú mismo esas tareas aburridas, tediosas o complicadas. No es un hábito de liderazgo saludable y es poco probable que se sientan bien trabajando a tus órdenes. Asume una parte de las tareas pesadas.

42

DATE EL LUJO DE SATISFACER TU CURIOSIDAD INFANTIL

«Todo líder debe convertirse en un explorador de mente abierta».

En el mundo actual, tan cambiante y cada vez más complejo, nunca se pueden tener todas las respuestas. Por fortuna, nadie espera que seas un líder que lo sepa todo. Sin embargo, sí se espera que lideres la búsqueda de las soluciones más adecuadas. También, que actúes como un científico que realiza investigaciones y experimentos para explorar cómo mejorar el rendimiento, resolver problemas o comprender por qué ocurre algo. Un buen líder es como un niño pequeño que, con su creatividad natural y su mente abierta, se deleita en descubrir nuevas ideas y experiencias hasta entonces desconocidas.

Una encuesta global a directores generales realizada por IBM en 2012 recopiló las opiniones de mil quinientos directores generales y descubrió que la creatividad era la habilidad clave necesaria para crear negocios de éxito, incluso más importante que otras cualidades, como el pensamiento global o la integridad. Para fomentar dicha creatividad, es necesario combinar una mentalidad adecuada con la creación de un entorno que permita la creatividad de los compañeros.

Líderes como Richard Branson, Jack Ma y Mark Zuckerberg son ejemplos muy conocidos de líderes creativos con una mentalidad muy abierta y flexible, y que no se aferran obstinadamente a una idea o dirección si se les presentan mejores sugerencias. Les gusta probar nuevas ideas, dejar que sus equipos pongan en práctica soluciones inéditas y nunca consideran los callejones sin salida como un esfuerzo inútil y un fracaso, sino como oportunidades de aprendizaje.

✓ *Ponlo en práctica*

PREDICA CON EL EJEMPLO

No basta con afirmar que valoras y deseas más creatividad y experimentación. La verdadera medida del éxito proviene de si el personal a tu cargo realmente siente que tiene el espacio y el apoyo para desafiar el estado actual de las cosas. Debes permitir que tus equipos busquen soluciones innovadoras y creativas sin temor a consecuencias nefastas si sus esfuerzos no dan los resultados esperados. Puedes ayudar a crear ese entorno de varias maneras:

- En las reuniones de equipo, pregunta regularmente a los miembros si tienen soluciones e ideas alternativas a las que se están barajando. Hazlo antes de tomar cualquier decisión importante, como aprobar la elección de un nuevo proveedor, un nuevo proceso, un organigrama revisado o una solución de producto para satisfacer las necesidades de un cliente.

- Celebra todas las ideas posibles en las que tus empleados demuestren creatividad. Hazlo incluso cuando sus esfuerzos no den lugar a resultados que puedan ponerse en práctica fácilmente.

- Proporciona las herramientas y los recursos que tus equipos necesitan para ser creativos. Esto puede ser tan sencillo como darles un acceso sin trabas a internet, en lugar de bloquear o filtrar aplicaciones o páginas web por motivos de seguridad o productividad.

- Apoya el crecimiento de redes informales de intercambio dentro de tu empresa, lo que podría incluir que los compañeros utilicen plataformas en línea en las que compartan problemas e ideas.

ORGANIZA COMPETICIONES DE CREATIVIDAD

Desafía a tu equipo o a toda la organización y haz que sugieran formas mediante las cuales se pueda mejorar la realización de una tarea concreta o la consecución de un objetivo determinado. Anima a las personas a compartir sus ideas, por muy descabelladas o extrañas que puedan parecer a primera vista. Recuerda que, en ocasiones, un descubrimiento revolucionario puede haber surgido de una idea inusual o inesperada. La competición no implica premios formales, aunque los incentivos pueden motivar mucho. Como mínimo, muéstrate dispuesto a agradecer las contribuciones y a reconocerlas públicamente.

43

MÁNCHATE
LAS MANOS

*«Hay momentos en los que un líder debe lanzarse
a las trincheras embarradas para apoyar a su equipo».*

El liderazgo nunca consiste en quedarse en el mismo sitio. Y, desde luego, tampoco en permanecer en el despacho mientras tu equipo se mata a trabajar en sus puestos. A veces hay que liderar desde la primera línea y estar con los equipos de comerciales, ingenieros, abogados en prácticas, contables, personal de seguridad o trabajadores de planta. Demasiados líderes ponen excusas para no involucrarse:

- «No es mi función realizar las tareas que tienen asignadas».
- «Me parece indigno involucrarme en los detalles».
- «Mi equipo no necesita mi ayuda».
- «Debería centrar mi tiempo en tareas de mayor nivel y más estratégicas».

Dedicar tiempo a los miembros de su equipo y apoyarlos mientras trabajan es una función esencial de cualquier líder de éxito. Entre las ventajas se incluyen:

- Comprender de primera mano las dificultades y los retos a los que se enfrentan.
- Permitirte crear mejores vínculos y colaborar mejor con ellos.
- Ayudarte a ver las cosas desde su perspectiva.
- Poner conscientemente a tus empleados en primer lugar y mostrarles respeto.
- Aportar nuevas ideas sobre cómo mejorar la eficiencia.
- Motivar e involucrar a tus empleados, especialmente cuando ven que te arremangas y les ayudas con tareas nuevas y desafiantes.

El hecho de arremangarse también envía un mensaje claro a otros líderes con los que trabajas, animándolos a aprender de tu estilo de liderazgo y a emularlo. También sirve como recordatorio de que gran parte del éxito de tu organización es el resultado del compromiso y la dedicación de todo el personal a tu cargo, que pasa cada día atendiendo a los clientes, trabajando en las líneas de producción y realizando otras tareas esenciales.

✓ *Ponlo en práctica*

APOYA, PERO SIN GESTIONAR LAS PEQUEÑAS TAREAS

El secreto está en pasar tiempo con tu equipo, pero sin convertirte en una carga que los distraiga de completar sus tareas o que acabes gestionando de forma inadecuada parte de lo que tienen asignado. No es fácil. El simple hecho de estar junto a tu personal puede resultar desagradable y hacerles sentir que están siendo vigilados. Para evitarlo:

• Intenta pasar tiempo cerca cuando sepas que a tu equipo le van a venir bien tus aportaciones. Puede ser cuando estén implementando un nuevo proceso, iniciando un nuevo trabajo o enfrentándose a una crisis con un cliente.

• Planifica con antelación. Pregunta a tu equipo, en una reunión, cuándo les podría venir bien tu ayuda.

• Si apareces de forma inesperada, el personal a tu cargo puede preocuparse por si hay algún problema, pero, si lo conviertes en un hábito, se sentirán más cómodos con tu presencia.

• Tu equipo puede suponer que te ofreces a ayudarles para comprobar y revisar lo que están haciendo. Sé abierto y honesto sobre tus intenciones: aunque tu objetivo no sea «auditar» su trabajo, dada tu amplia experiencia, es posible que detectes errores y formas de hacer las cosas mejor. El secreto es no precipitarse a criticar o hacer que un empleado se sienta incompetente porque se le ha pasado por alto algo que tú has detectado.

• Intenta pasar más tiempo con aquellas personas que trabajan un nivel por debajo de tus subordinados directos, el nivel al que a veces se hace referencia como N-2. Puedes hacerlo mediante reuniones de nivel superior en las que te reúnas con estos N-2 sin que tus subordinados directos estén presentes. El riesgo es que estos últimos lo vean como una posible amenaza. Tranquilízalos asegurándoles que solo quieres comprender mejor a tu personal, incluyendo los retos y necesidades laborales.

44

FORMA A QUIENES VENDRÁN DESPUÉS

«La verdadera medida de cualquier líder es su habilidad para cultivar: ¿cómo nutre y hace crecer a los nuevos líderes para que puedan florecer y prosperar?».

Formar a nuevos líderes debería ser una de tus prioridades. Al igual que te formaron y prepararon para tus propias oportunidades de liderazgo, los líderes potenciales de hoy necesitan tu cuidado y atención. Esta es una tarea esencial para cualquier líder de éxito, tal y como lo confirman los resultados de la encuesta *Global Leadership Forecast 2018* realizada por Ernst & Young, DDI y The Conference Board, en la que el 64 % de los líderes encuestados afirmó que desarrollar a la próxima generación de líderes era uno de sus cinco principales retos.

A medida que tu empresa crezca, necesitará más líderes en todos los niveles, por lo que nunca debes dar por sentado que es responsabilidad exclusiva del Departamento de Recursos Humanos. Se requiere un esfuerzo concertado y estratégico por parte de todos los líderes para crear una reserva de talento directivo lo suficientemente amplia, y tú eres la persona más indicada para liderar el desarrollo de nuevos líderes en tu propio departamento y función laboral.

Además de contribuir al crecimiento futuro de la empresa, centrarse en formar y preparar a nuevos líderes puede tener un impacto positivo en la propia carrera. Por ejemplo, es posible que te estés perdiendo posibles ascensos si no hay candidatos preparados para sustituirte en tu puesto actual. También es posible que recibas calificaciones de rendimiento más bajas si no consigues desarrollar con éxito el talento de liderazgo dentro de tu propio equipo.

✓ *Ponlo en práctica*

· ·

CREA UNA CANTERA DE LÍDERES

La clave es tener una mentalidad de «cazatalentos», según la cual se busca constante-mente nuevos talentos emergentes para el liderazgo y se les ayuda a crecer y ascender dentro del equipo y la organización.

- Invierte más tiempo y energía en contratar nuevo personal con habilidades de lide-razgo potenciales. Cuando entrevistes a personas candidatas para cualquier puesto, fíjate en el potencial futuro de cada una. ¿Pueden crecer hasta alcanzar cualquier tipo de puesto de liderazgo, ya sea liderando personas, proyectos, negocios o quizás aspectos del ámbito técnico?

- Intenta contratar solo a aquellas personas que desempeñarán bien sus funciones in-dividuales y de equipo, y que además tengan madera de futuros líderes. Contrata y forma a quienes serán incluso mejores que tú como líderes; no te sientas amenazado por esta posibilidad. ¡Imagínate lo increíble que sería el rendimiento de tu equipo si estuviera formado por personas con tanto talento!

- Trata de comprender el potencial de liderazgo de los miembros del equipo observan-do su personalidad, actitud y mentalidad. Busca rasgos de liderazgo genéricos, como la iniciativa, la responsabilidad propia, la determinación, etc.

- Ayuda a los miembros actuales de tu equipo a desarrollar sus propios estilos de lide-razgo y confianza guiándolos y permitiéndoles asumir algunas de tus tareas de lide-razgo, como presidir determinadas reuniones y dirigir proyectos concretos. Una vez que hayan probado a liderar estas tareas, hazles comentarios constructivos para ayudarles a desarrollar sus capacidades de liderazgo.

NO TODO EL MUNDO QUIERE LIDERAR

Puede que en tu caso quieras ser líder, pero no todo el mundo lo desea o es apto para gestionar a personas, proyectos o negocios. Al crear un programa y una línea de desa-rrollo del liderazgo, ten cuidado de no dar la impresión al equipo de que la única medi-da del éxito es interesarse y ser capaz de convertirse en un futuro líder.

45

LOGRA RESULTADOS

«No basta con tener grandes ideas e intenciones para garantizar el éxito».

Q uienes mejor lideran saben que su función principal es alcanzar unos objetivos claramente definidos, sin importar los obstáculos y las dificultades:

- Un gestor de proyectos debe completar un proyecto a tiempo, dentro de los presupuestos financieros y cumpliendo objetivos de calidad específicos.

- El jefe del Departamento de Ventas debe cumplir los objetivos de ingresos por ventas, así como los relacionados con la captación de nuevos clientes, la consecución de determinados márgenes de beneficio en las ventas y el crecimiento del equipo de ventas.

- Un emprendedor tendrá determinados objetivos, como lanzar un nuevo producto al mercado o sobrevivir con el flujo de caja disponible durante la fase inicial de la puesta en marcha.

- El director de una organización benéfica puede tener objetivos de recaudación de fondos, así como otros relacionados con los fines de la organización, como lograr alimento para un determinado número de personas sin hogar.

Los líderes de éxito no solo alcanzan sus objetivos, sino que también aspiran a superar las expectativas yendo más allá de lo esperado mediante una combinación de determinación, una mentalidad orientada a los resultados y las habilidades necesarias para gestionar las tareas, los recursos, los procesos y los sistemas involucrados. Varios capítulos de este libro ofrecen consejos específicos para hacer bien todo esto. Pero hay una habilidad que es la más importante y la más esencial: asegurarse de que los objetivos reales estén bien definidos, que estén claramente establecidos y que sean desafiantes.

✓ Ponlo en práctica

CONSIGUE ACEPTACIÓN Y ACUERDO

Independientemente de si tus objetivos se denominan indicadores clave de rendimiento (KPI), metas o hitos, deben estar claramente definidos y que todas las personas que participarán en su consecución los comprendan y acuerden. Para lograr esta aceptación, debes estar dispuesto a escuchar, comunicarte, negociar y llegar a acuerdos con todas las partes implicadas. Esto incluye a tu jefe, que os podría imponer algunos objetivos a ti y a tu equipo que sean inalcanzables. Es posible que tengas que rechazar esos objetivos y negociar otros más realistas.

TRANSMITE LOS OBJETIVOS A TU EQUIPO

También debes analizar cuidadosamente los objetivos generales de la empresa y acordar cuáles de ellos os conciernen a ti y a tu equipo. Debes crear y acordar los objetivos necesarios para todo el equipo y para cada uno de sus miembros, y procurar que estén en consonancia con los de la empresa.

ESTABLECE OBJETIVOS DESAFIANTES Y ESPECÍFICOS

Es una buena idea fijar objetivos para cada uno de los miembros del equipo ligeramente más exigentes de lo necesario, de modo que la suma de los individuales supere el objetivo general del equipo o del departamento. Hazlo para aumentar las posibilidades de que tú y tu equipo superéis los objetivos generales, incluso cuando algunos miembros no alcancen sus objetivos individuales.

CREA Y ACUERDA OBJETIVOS...

- Específicos: son más fáciles de entender, aceptar y alcanzar.
- Medibles: cada objetivo debe ser medible en términos de rendimiento.
- Alcanzables y realizables: deben disponerse de los recursos necesarios, incluyendo tiempo y personal, para que tú y tu equipo podáis alcanzar el objetivo.
- Realistas: un objetivo nunca debe ser imposible de alcanzar.
- Oportunos: debe haber un entendimiento y un acuerdo sobre el plazo del objetivo y las fechas límite para alcanzarlo.

46

PON A LAS PERSONAS ADECUADAS EN LOS PUESTOS ADECUADOS

«No intentes encajar a la fuerza una pieza cuadrada en un hueco redondo».

R ara vez dispondrás del número ideal de empleados, cada uno con la combinación perfecta de habilidades sociales y técnicas. Por lo tanto, deberás gestionar constantemente las cargas de trabajo, las prioridades y las tareas con los recursos humanos disponibles y trabajar con el talento que tengas a tu disposición, resolviendo con éxito todo tipo de cuestiones relacionadas con el personal:

a. Te cuesta cubrir un puesto clave, tal vez un cargo técnico importante o especializado en ventas, y, tras varias semanas de entrevistas y rechazos de candidatos inadecuados, solo te queda una candidata posible. El problema es que esa persona solo cumple en torno al 70 % de los requisitos técnicos del puesto.

b. Te enfrentas a un problema similar con tu jefe, que te insta a aceptar a alguien de otro departamento para cubrir un puesto clave vacante dentro de tu equipo. Sabes que esta persona tiene fama de ser muy egoísta y de no saber trabajar en equipo.

c. Ante la congelación de las contrataciones, no puedes tener personal adicional para trabajar en un nuevo proyecto y tu única opción es pedir a los miembros de tu equipo, que ya están muy ocupados, que aprendan y asuman las tareas del nuevo proyecto.

d. Dentro de tu equipo, algunas personas tienen dificultades y parecen no adecuarse a sus funciones específicas. Debes decidir si sustituirlas, sabiendo que será costoso despedirlas y contratar a otras nuevas.

Quienes saben liderar reconocen que estos dilemas no son fáciles de resolver. Siempre tratan de llegar a resultados ideales, sin importar lo difícil o el tiempo que les lleve. Entienden la necesidad de llegar a acuerdos, pero saben que dejar que alguien haga un trabajo que no le conviene siempre conducirá a una combinación de problemas de rendimiento y motivación.

✓ Ponlo en práctica

ACEPTA LOS COMPROMISOS CON UN PLAN PARA CUBRIR LAS CARENCIAS

A veces, sabrás cómo convertir cuadrados en círculos: uno de los miembros de tu equipo aprenderá a afrontar tareas nuevas y desafiantes, o un candidato débil que contrates trabajará muy duro para superar sus deficiencias. Pero a menudo no tendrás tanta suerte y deberás ser creativo a la hora de afrontar cada caso en el que no tengas a la persona adecuada en el puesto adecuado. Solo podrás dominar esto con el tiempo, afrontando y aprendiendo de la experiencia.

Comencemos explorando cómo abordar los cuatro ejemplos de la página anterior:

a. Si decides contratar a la candidata final que solo cumple con el 70% de las habilidades requeridas, planifica cómo ayudarle a cubrir el 30% restante. Esto podría implicar trabajar con los compañeros de Recursos Humanos para crear un análisis de las necesidades de formación y proporcionar una formación intensiva en habilidades técnicas. Además, podrías dedicar tiempo a orientarla y pedir a los compañeros que la ayuden con las tareas en las que aún no es experta.

b. En el caso del candidato interno que no sabe trabajar en equipo, ten mucho cuidado si decides aceptarlo en tu equipo. Sé firme al explicarle tus expectativas y preocupaciones, y, a continuación, ofrécele dedicarle tiempo para orientarlo y ayudarle a superar sus puntos débiles en términos de colaboración, intercambio e interacción.

c. Con el nuevo proyecto, reflexiona con tu equipo sobre cómo pueden trabajar de forma más inteligente para gestionar la carga de trabajo adicional de manera productiva y sin agotarse. Anímalos a redactar listas diarias de tareas pendientes, a dedicar menos tiempo a tareas no esenciales y a apoyarse mutuamente de forma más proactiva.

d. En cuanto a los empleados con bajo rendimiento, una vez que hayas agotado todas las opciones disponibles para mejorar su rendimiento, haz de tripas corazón y despídelos. Quizás podrías ayudarles a trasladarse internamente para asumir puestos de trabajo más adecuados a sus habilidades y preferencias. De lo contrario, debes estar preparado para avisarles y despedirlos.

47

ENTRENA A TU EQUIPO CON CUIDADO

«Ayuda a tu equipo a llegar a sus propias respuestas y conclusiones».

Dar consejos y soluciones al equipo que diriges cada vez que alguno de sus miembros te pide ayuda puede parecer lo más lógico. De hecho, hay momentos y situaciones en los que conviene utilizar este estilo de liderazgo tan directivo, especialmente cuando:

- Se ha incorporado alguien nuevo y esta persona necesita mucha orientación.

- Hay una crisis y se necesitan decisiones y órdenes rápidas para resolver un problema urgente de un cliente u otra situación de emergencia.

- Tu equipo debe abordar una tarea o un proyecto nuevo y complicado y solo tú tienes la experiencia necesaria.

Sin embargo, este nunca debe ser tu único estilo a la hora de ayudar al personal a tu cargo a resolver sus problemas, ya que cuando les das respuestas y eres tan directivo:

- No aprenden a pensar por sí mismos, muchos sentirán que se les está dando todo masticado y se frustrarán, mientras que otros pueden disfrutar de poder relajarse y dejar que tú pienses por ellos.

- Es posible que estés dando a tu equipo respuestas incorrectas. Tal vez estés malinterpretando sus problemas o cuestiones, y las consecuencias de sus malos consejos pueden ser graves.

Los mejores líderes saben cuándo adoptar diferentes estilos y, en ocasiones, adoptan un enfoque de *coaching* que implica no proporcionar respuestas ni soluciones, sino centrarse en formular preguntas para ayudar a explorar y comprender los propios problemas y llegar a soluciones y respuestas propias. En el capítulo 22 ya comentamos algo sobre el *coaching*.

✓ *Ponlo en práctica*

MANTÉN CONVERSACIONES GROW

Cuando tu equipo se enfrente a retos y problemas, ayúdales a encontrar sus propias soluciones siguiendo un marco conocido como el modelo GROW (por las siglas en inglés), creado por primera vez por John Whitmore:

Objetivo (*goal*): comienza por explorar cuál es el problema, la cuestión, la pregunta o el reto que hay que abordar. Haz preguntas como estas:

• «¿Cuál es exactamente el problema y por qué intentas centrarte en él hoy?».

• «¿Por qué es necesario resolver el problema y cuál podría ser una solución satisfactoria?».

Realidad (*reality*): ayuda a tu colega a explorar el contexto, el recorrido y los antecedentes del problema, planteando preguntas como:

• «¿Cuánto tiempo lleva existiendo este problema y quién más lo conoce?».

• «¿Has intentado resolverlo antes? En caso afirmativo, ¿qué pasó?».

Opciones (*options*): cuando ambos tengáis más claro el problema, contexto, impacto y antecedentes, empezad a explorar las opciones disponibles para resolverlo haciéndoos las siguientes preguntas:

• «Si estuvieras solo, sin mi ayuda, ¿qué harías para resolverlo?».

• «¿Tienes alguna opción preferida o muchas ideas en mente, o estás en una situación de bloqueo, sin saber cómo seguir adelante?».

El camino que se ha de seguir (*way forward*): una vez que hayas ayudado a tu compañero a asimilar y sopesar las posibles opciones, concluye la conversación preguntándole:

• «¿Qué vas a hacer ahora? ¿Con qué opción vas a seguir adelante?».

• «¿Qué ayuda o apoyo necesitas para poner en práctica la opción elegida?».

En la fase de «Opciones», y solo después de que la otra parte haya compartido sus propias opciones, ofrécete a compartir cualquier otra idea basada en tus conocimientos y experiencia. Compártelas, pero no le digas a la persona cuál es la mejor opción, solo ayúdala a llegar a sus propias conclusiones.

48

AGUANTA CUANDO LAS DEMÁS PERSONAS SE RINDAN

«Qué trágico es dar marcha atrás y, al despejarse el cielo, darte cuenta de que estabas muy cerca de la cima».

Demasiados líderes se rinden justo antes de alcanzar sus planes, metas o sueños, pensando que han agotado todas las vías, que han llegado a un callejón sin salida y que han consumido todas sus ideas, energía y recursos. Quienes lideran con éxito nunca tiran la toalla tan rápidamente. En cambio, persisten sabiendo que cualquier meta que valga la pena alcanzar no va a ser fácil.

En el entorno empresarial actual, caracterizado por cambios rápidos y disruptivos, en el que las empresas luchan por adaptarse e incluso sobrevivir, no debería sorprendernos que nuestros objetivos y metas parezcan más difíciles —incluso imposibles— de alcanzar que en el pasado. Como resultado, la tendencia a querer rendirse será alta e incluso los mejores líderes podrían tener dificultades para mantenerse y seguir adelante.

Además de ayudar a alcanzar los objetivos empresariales, persistir también puede beneficiar a tu carrera profesional. Según un artículo de investigación de 1985, los líderes más persistentes suelen ser vistos con mejores ojos. La autora del artículo, la profesora universitaria estadounidense Laura M. Graves, descubrió que los líderes más perseverantes eran evaluados y valorados más positivamente que los que no lo eran. Tiene sentido y estoy seguro de que tú también sientes más admiración y respeto por los compañeros que muestran más voluntad de persistir y nunca se rinden, en comparación con aquellos que abandonan con más facilidad.

✓ *Ponlo en práctica*

DESARROLLA TU FUERZA DE VOLUNTAD

Desarrolla tu perseverancia fortaleciendo tu fuerza de voluntad y determinación:

- Recuérdate constantemente a ti mismo y a tu equipo por qué un objetivo es importante tanto para ti como para la organización. Intenta abordar y visualizar los impactos positivos y los beneficios de alcanzarlo.

- Evita distraerte con cosas que no puedes controlar. En su lugar, centra la energía en todo aquello en lo que tú y tu equipo podéis influir y cambiar.

- No permitas que las personas negativas o desmotivadas te afecten.

- Un objetivo grande puede parecer con facilidad abrumador y difícil de alcanzar en comparación con otros más pequeños. Divide cualquier objetivo a largo plazo y de mayor envergadura en una serie de objetivos de menor exigencia.

- Celebra el logro de cada uno de estos objetivos más pequeños para motivaros a ti mismo y a tu equipo mientras trabajáis para alcanzar la meta mayor.

- Pídele a un colega de confianza que te haga responsable y te anime a mantener el rumbo, y habla con esa persona cuando dudes de ti mismo y te sientas tentado a abandonar una tarea. A cambio, puedes brindar el mismo apoyo a los miembros de tu propio equipo.

... Y RECONOCE CUÁNDO DEBERÍAS RENDIRTE

Solo deberías recurrir a tu nueva fuerza de voluntad y perseverancia cuando sea necesario, no todo el tiempo. A veces es necesario rendirse y dejar de perseguir un objetivo cuando es evidente que ya no es alcanzable o cuando tus prioridades han cambiado y el objetivo ya no es relevante.

49

CONTRÓLATE

«Si quieres fracasar en muy poco tiempo como líder, empieza a perder los nervios».

Seguro que te irritaría mucho que el horno que usas no tuviera control de temperatura y dejara la comida poco hecha o quemada, al igual que te frustraría que el frigorífico tuviera el termostato estropeado y te encontraras la comida podrida un día y la leche congelada al día siguiente. Sentimos lo mismo cuando un compañero no se puede controlar, y es aún peor cuando se trata del líder, porque cualquier cosa que diga o haga puede tener un gran impacto en mucha gente.

Al comienzo de este libro, hablé sobre la importancia del autoliderazgo y un aspecto clave al respecto es saber controlarse a uno mismo. A veces se denomina autogestión, lo que forma parte de la inteligencia emocional, un concepto que expliqué en el capítulo 33. Los líderes de mayor éxito saben que es esencial una excelente autogestión. Sin ella, corres el riesgo de cometer todo tipo de errores y, a veces, puede traer todo tipo de consecuencias:

- Pierdes los estribos una y otra vez por errores triviales que comete tu equipo y algunos de tus compañeros pueden llegar a enfadarse hasta tal punto por tu reacción que decidan dimitir.

- Te tomas un par de copas y haces comentarios inapropiados sobre un compañero de trabajo. Como resultado, el Departamento de Recursos Humanos pone cartas en el asunto y corres el riesgo de perder el trabajo.

- Te enfadas por el correo electrónico de un cliente que culpa a tu equipo por su bajo rendimiento y respondes con un correo electrónico contundente y airado.

- Durante una reunión, en respuesta a alguien que te desafía, te enfadas y entablas una discusión acalorada, lo que hace que un compañero diga que ya no aguanta más trabajar contigo.

✓ *Ponlo en práctica*

···

SIGUE UN SENCILLO PROCESO DE AUTOCONTROL

- Obsérvate más de cerca y aprende a reconocer cuándo te alteras y te muestras propenso a actuar sin pensar.

- Pide a tus compañeros de confianza que te avisen cuando crean que estás a punto de perder los nervios.

- Cuando estés a punto de decir algo inapropiado, haz una pausa y retírate de la reunión, o cuenta en silencio hasta diez para calmarte.

- Cuando te des cuenta demasiado tarde y ya hayas dicho o hecho algo inapropiado, pide disculpas lo más pronto posible a las personas afectadas por tus palabras o acciones.

TEN CUIDADO CON LOS CORREOS ELECTRÓNICOS Y LAS LLAMADAS TELEFÓNICAS

Si sabes que estás enfadado mientras escribes un correo electrónico, no lo envíes de inmediato. Guárdalo como borrador y vuelve a él más tarde para decidir si está bien así. Del mismo modo, cuando estés hablando por teléfono o en una videoconferencia, si te enfadas o te alteras, busca una excusa para hacer una pausa en la conversación, tal vez pidiendo ir al baño o excusándote para ir a tomar un café, lo que te dará tiempo para calmarte.

BUSCA ASESORAMIENTO PARA CONTROLAR LA IRA

A veces, la única forma de controlar las emociones es buscar el asesoramiento de un terapeuta cualificado con el que poder explorar qué es lo que desencadena ese tipo de reacciones. Este tipo de profesional te puede ayudar a superar cualquier inseguridad subyacente, acontecimientos pasados y traumas que estén alimentando tu comportamiento.

EVITA ESTAR CANSADO, ESTRESADO O HAMBRIENTO

Te resultará más fácil controlarte cuando tengas el estómago lleno, después de haber dormido bien y cuando hayas hecho ejercicio y estés lo más libre posible de estrés. Sin dormir lo suficiente y sin una alimentación saludable, tu cerebro perderá agilidad y claridad, y correrás el riesgo de irritarte, cansarte y enfadarte con facilidad, lo que aumentará la probabilidad de que pierdas el control con otras personas.

50

MANTÉN TUS VALORES EN PRIMER PLANO

«Lo que valoras en la vida determina el tipo de líder en el que te conviertes».

Un buen líder se esfuerza sin parar por vivir y liderar con unos valores cuidadosamente seleccionados. También conocidos como principios o normas, tus valores sustentan tu forma de pensar, de tomar decisiones, de actuar y de comportarte como líder. Son lo que te impulsa y lo que buscas cuando te lideras tanto a ti mismo como a otras personas. Algunas personas no tienen ni idea de cuáles son sus valores, pero los líderes de éxito siempre saben qué es lo que los impulsa. Pueden ser algunos de estos:

Aprecio	Creencia	Integridad	Respeto
Aprendizaje	Empatía	Lealtad	Sabiduría
Autenticidad	Enfoque	Libertad para actuar	Transparencia
Autonomía	Equidad	Liderar con el ejemplo	Valentía
Ayuda	Excelencia	Marcar la diferencia	Verdad
Compasión	Gratitud	Optimismo	
Compromiso	Humildad	Pasión por ganar	
Confianza	Inspiración	Propósito	

Los valores de un líder le ayudan a saber qué tipos de comportamientos son aceptables y cuáles no:

- Cuando un líder valora la integridad, reacciona con firmeza cuando un compañero miente o hace trampa.
- Un líder que valora la empatía y la capacidad de cuidar a las demás personas suele ser el primero en consolar y apoyar a un miembro del equipo que está muy afectado.
- El líder para quien la persistencia es un valor importante rara vez se rendirá ante tareas difíciles, incluso cuando todos los demás lo hayan hecho.

✓ *Ponlo en práctica*

DESCUBRE TUS VALORES

La forma más fácil de saber cuáles son tus valores es mediante una lista de las acciones y comportamientos de otras personas que te enfadan o te molestan:

- Cuando un compañero te irrita porque nunca se prepara las reuniones o nunca encuentra los documentos importantes, probablemente valores cualidades como estar preparado y ser organizado.

- Cuando un miembro del equipo te molesta porque siempre se apresura a hablar y domina las discusiones, puede ser una señal de que valoras la reflexión y el hecho de permitir que las demás personas sean escuchadas.

Para ayudarte a descubrir lo que es importante para ti, pide a tus compañeros de trabajo más cercanos que describan tu estilo de trabajo, tus actitudes y comportamientos, y lo que en su opinión es muy importante para ti.

CÉNTRATE SOLO EN LOS VALORES QUE TE SIRVEN

Una vez que conozcas tus valores, reflexiona sobre cuáles te resultan útiles como líder. Esos son en los que debes centrarte, ya se trate de ser generoso, empático, tener una visión global o ser inspirador. Anima a tu equipo a poner en práctica estos mismos valores; si lo hacen, con el tiempo se convertirán en hábitos diarios y en parte de la cultura de trabajo del equipo.

... Y DEJA DE CENTRARTE EN AQUELLOS QUE NO TE SIRVEN

Algunos de tus valores pueden estar obstaculizando tu labor como líder en la actualidad. Quizás te hayan ayudado en el pasado, cuando trabajabas solo o en un entorno laboral diferente. Pero ahora te das cuenta de que ya no te sirven, así que deja de considerarlos como algo valioso y de actuar en consecuencia. Entre esos valores «anticuados» se pueden incluir cualidades como la independencia y el trabajo en solitario, el perfeccionismo o ser muy expresivo o emocional.

OPTIMIZA

....

«Siempre hay margen de mejora en todo lo que haces».

A veces, debes actuar como un consultor de gestión y trabajar con tus compañeros para encontrar formas más óptimas de hacer las cosas y liderar la implementación de cualquier cambio o mejora acordado en los sistemas, procesos o procedimientos. Como resultado, se pueden generar enormes beneficios en términos de aumento de la productividad, reducción de costes y plazos más cortos.

Como líder, tienes una buena visión general de lo que los diferentes miembros de tu equipo y compañeros deben hacer y lograr, así como de los sistemas, flujos de trabajo y procesos que deben seguir. Como resultado, estás en una buena posición para observar y comprender cuando:

- Los flujos de trabajo son demasiado complicados e ineficientes.

- Los procesos aportan poco o ningún valor, o hay determinadas duplicidades.

- Los sistemas y procedimientos provocan cuellos de botella y retrasos innecesarios.

- Algunos flujos de trabajo y sistemas con resultados excelentes podrían replicarse en otras áreas del negocio.

- Hay lagunas y cosas que faltan, que se ignoran o que no se hacen bien.

Los mejores líderes están acostumbrados a detectar y abordar esas áreas de mejora, evaluando cómo se podrían implementar las soluciones. Con el tiempo, son capaces de desarrollar una mentalidad sistemática y orientada a los procesos, al tiempo que mantienen una visión global y un enfoque centrado en los detalles. Entienden que se trata de un esfuerzo de equipo y que se puede hacer mucho más cuando se trabaja en conjunto, incluso involucrando a los nuevos empleados, que pueden aportar una perspectiva fresca y una curiosidad renovada al equipo.

✔ *Ponlo en práctica*

COMPRENDE LAS IDEAS Y HERRAMIENTAS VINCULADAS A LAS MEJORES PRÁCTICAS

Muestra interés por las investigaciones y los artículos escritos por consultoras de gestión de renombre mundial, como Mckinsey, Bain, Stategy+ y PwC, que ofrecen información sobre cómo los líderes están cambiando y optimizando diferentes aspectos de sus organizaciones.

Invierte tiempo en familiarizarte con la gama de herramientas y metodologías utilizadas por los líderes y sus equipos, que pueden servir para descubrir, planificar y aplicar cambios y mejoras organizativas óptimas. Entre las herramientas más populares hoy en día se incluyen:

- Agile: se trata de un proceso para realizar mejoras en el que pequeños equipos multifuncionales asumen toda la responsabilidad de los problemas que se les pide que aborden.

- Scrum: relacionado con Agile, implica que el trabajo lo realizan equipos pequeños que dividen las tareas en otras que pueden completarse en breves periodos de tiempo.

- Kanban: proceso de visualización de los procesos y del flujo de trabajo para identificar posibles cuellos de botella y poner en marcha soluciones.

- 6 Sigma: conjunto de procesos utilizados para identificar y eliminar las causas de los errores o defectos y reducir la variabilidad en la calidad de cualquier tipo de proceso empresarial.

- Waterfall: se refiere a la división del trabajo en tareas, cada una de las cuales depende de la finalización de la anterior.

- Kaizen: proceso de búsqueda continua de mejoras Lean en cualquier parte de una organización.

ACEPTA CUALQUIER INTERRUPCIÓN

Por muy disruptivo y doloroso que pueda resultar implementar y trabajar con un proceso nuevo —cuando es necesario—, ten siempre presente y recuerda al personal a tu cargo los beneficios que pueden generarse e implementarse como resultado. Piensa en cualquier interrupción como en unas obras importantes en la carretera: molestas a corto plazo, pero a cambio de un tráfico más rápido y fluido en el futuro.

52

SENTIDO COMÚN
ANTE TODO

....

«Es mejor hacer una pregunta tonta hoy
que cometer un error estúpido mañana».

¿ Cuándo fue la última vez que malinterpretaste algo, sin encontrarle el verdadero sentido a lo que observaste, entendiste o te dijeron?

No hay nada peor que terminar una tarea importante con la sensación de haber hecho un gran trabajo y descubrir después que has malinterpretado lo que tenías que hacer y que has perdido el tiempo en un esfuerzo vano. Puede ser vergonzoso y costoso, ya que es posible que tengas que volver a empezar la tarea desde cero o que hayas perdido una oportunidad o un plazo clave y sea demasiado tarde para rehacer el trabajo. Esto puede molestar y desmotivar mucho a tu equipo si tiene que ayudarte a empezar de cero. En casos extremos, el malentendido podría costarte tu reputación o incluso la carrera.

A los empleados novatos se les pueden perdonar este tipo de errores y, con suerte, el coste de sus equivocaciones será mínimo. Como líder, se le paga para hacer las cosas bien y no para crear más problemas por no comprender adecuadamente lo que hay que hacer. Los buenos líderes lo entienden a la perfección y, para asegurarse de no cometer nunca el mismo error, hacen lo siguiente:

- Dedican tiempo a comprender lo que se les pide que hagan, las preguntas que deben responder o los problemas que han de resolver.

- Hacen lo mismo con sus equipos y compañeros, animándoles a analizar lo que oyen y comprenden, al tiempo que cuestionan sus propias suposiciones y percepciones.

✓ Ponlo en práctica

REDUCE EL RITMO PARA COMPRENDER LAS COSAS

Antes de apresurarte a responder y resolver cuestiones y problemas, dedica siempre un tiempo a estar solo o con tus colegas para asegurarte de que comprendes perfectamente lo que está sucediendo y lo que se te pide o se espera de ti y tu equipo. Yo lo llamo «frenar para acelerar». Esos minutos o días extra de retraso antes de empezar una tarea pueden marcar la diferencia. Es comparable a leer las instrucciones antes de montar uno de esos muebles de bricolaje que vienen en piezas. Todos sabemos lo que pasa si te apresuras a montarlo sin consultar las instrucciones y acabas colocando las piezas de manera equivocada.

No te fíes de primeras cuando un compañero responda rápidamente en una reunión diciendo: «Sí, lo entiendo y no hay problema, me pondré a ello de inmediato». A veces puede ser la respuesta correcta, pero en muchos casos no lo será. Empieza a ser un líder que siempre ayuda a los demás a entender las cosas haciendo preguntas como estas:

- «Puede que sea una pregunta tonta, pero ¿estamos seguros de nuestras suposiciones o de lo que el cliente nos pide que hagamos?».
- «A riesgo de parecer estúpido, ¿es tan sencillo como lo estamos planteando?».
- «¿Necesitamos comprobar lo que espera el otro departamento?».

53

CAMINA CON
ORGULLO DE LÍDER

*«No se puede liderar con éxito cuando se está acobardado
en un rincón de la habitación».*

C uando conoces a gente nueva, ¿perciben y reconocen que eres un líder antes de que te presentes e intercambies tarjetas de visita? Muchos líderes carecen de presencia y solemnidad. Cuando acuden a una reunión con algunos miembros de su equipo, los demás nunca perciben que son los jefes y tal vez lo confunden con un compañero más seguro de sí mismo y extrovertido.

Puede que te sientas cómodo sin destacar como líder y que te alegre que a tus compañeros los consideren más veteranos que a ti. De hecho, a veces puede ser positivo, por ejemplo, durante una negociación clave en la que quieres observar con discreción a la otra parte sin que sepan quién eres.

Sin embargo, la mayoría de las veces no es posible esconderse de esta manera, ya que para desempeñar con éxito tu función es necesario aparentar y actuar como un líder. Es necesario hacerlo para defender a tu equipo y a tu empresa y representarlos en todo tipo de reuniones, negociaciones, eventos y actos. Para hacerlo bien, se necesita presencia ejecutiva, lo que también se conoce como solemnidad, estatura o porte. No es fácil dominarla, pero los líderes de éxito siempre se esfuerzan por adquirirla. Algunos lo hacen con más fortuna que otros y, gracias a su personalidad, apariencia física, habilidades lingüísticas o educación, pueden tener una presencia ejecutiva natural. Si no tienes tanta suerte, debes aprender y practicar.

✓ *Ponlo en práctica*

ASUME EL PAPEL QUE DESEMPEÑAS

Quizás te sientes cohibido y te falta confianza para actuar como un líder porque crees que, para empezar, no mereces estar en esa posición de liderazgo. Conocido como «síndrome del impostor», esta tendencia a sentir que no se está preparado o que no se es digno del puesto actual es una fuente de ansiedad bastante común. En general, creo que afecta más a las mujeres que a los hombres. Habla de tu problema con compañeros cercanos y pídeles que te animen y te orienten para que te sientas cómodo en tu puesto.

... Y LUEGO DESARROLLA CONFIANZA Y EXTROVERSIÓN

Si aún no eres una persona extrovertida y comunicativa, aprende a serlo. Empieza por desarrollar la confianza necesaria para saludar a gente nueva, entablar conversaciones triviales y hacer presentaciones como si fueras una persona experimentada. Al principio puede que te sientas reacio, sobre todo si eres una persona tímida e introvertida, pero lo único que puedes hacer es practicar cada día para que, poco a poco, te sientas más cómodo siendo extrovertido y más seguro a la hora de presentarte ante otras personas.

... Y, POR ÚLTIMO, MANTÉN UNA POSTURA ERGUIDA Y VÍSTETE PARA LA OCASIÓN

El lenguaje corporal y la postura transmiten un mensaje muy potente; con solo mantenerte erguido y tranquilo, proyectas más seriedad y estatura. Del mismo modo, la vestimenta influye en la apariencia. Vale la pena esforzarse por descubrir qué ropa, accesorios y peinados te quedan mejor en tu entorno laboral.

54

DEJA QUE OTRAS PERSONAS SEAN EL CENTRO DE ATENCIÓN

....

«Nunca acapares el protagonismo».

Una de tus principales funciones como líder es motivar a las personas, entre otras cosas, asegurándote de que se las reconozca, se les agradezca y se las valore. Esto puede reportaros muchos beneficios tanto a ti como a ellos:

- Las personas son más felices, están más satisfechas y son más productivas cuando su jefe y sus compañeros hablan de sus éxitos y las reconocen.

- Como jefe, tú también te sentirás con más energía, ya que tu equipo te admirará y respetará más por cómo los valoras y reconoces.

- Es más fácil dar a alguien una opinión crítica o pedirle que asuma tareas difíciles cuando ya se ha creado una relación sólida, basada en el reconocimiento regular de sus cualidades positivas y su buen hacer.

El reconocimiento puede adoptar muchas formas, desde un simple «gracias» en una reunión, pasando por pedirle que comparta en la conferencia anual de la empresa un proyecto en el que haya trabajado con éxito, nombrarle empleado del mes u ofrecerle un ascenso.

Cuando no hay reconocimiento, las personas pueden sentirse muy molestas. Quizás hayas experimentado cómo se siente cuando te han ignorado de manera similar: probablemente empezaste a desmotivarte, a desconectar, incluso a deprimirte y a sentirte inútil. Las personas pueden sentirse especialmente molestas cuando ven que otras reciben el reconocimiento por un trabajo del que ellas mismas eran total o parcialmente responsables. Esto puede provocar ira, envidia, celos e incluso quejas de que su jefe está mostrando favoritismo o siendo mezquino al negarles cualquier reconocimiento.

✔ *Ponlo en práctica*

VARÍA LA FORMA EN QUE RECONOCES A LAS PERSONAS

Dar muestras de reconocimiento no es tan sencillo como hacer siempre el mismo gesto. Repetir lo mismo una y otra vez pierde su impacto y hay un límite en el número de veces que se puede otorgar a una persona el mismo premio —por ejemplo, al empleado del mes— antes de que empiece a resultar inútil.

Del mismo modo, no se debe reconocer a diferentes personas de la misma manera. Alguien puede apreciar mucho un correo electrónico de agradecimiento enviado a todo el equipo, mientras que para otra puede significar muy poco y tal vez busque reconocimiento en términos de más responsabilidades laborales.

Dedica tiempo durante la semana laboral a reflexionar sobre quién necesita reconocimiento y qué formas podría adoptar. Sé generoso y justo, y evita reconocer siempre a las mismas personas del equipo. Intenta preguntar a los miembros de tu equipo si sienten que los reconoces lo suficiente y por las razones adecuadas, e involúcralos en sugerir quién podría ser merecedor de un reconocimiento especial.

CREA OPORTUNIDADES PARA EL RECONOCIMIENTO

Dale siempre a la gente la oportunidad de brillar y ser el centro de atención y, cuando sea posible, sacrifica tu propia oportunidad o necesidad de ser reconocido:

- Cuando los altos directivos visiten tu departamento o sede, deja que tu equipo se reúna con ellos y les hagan una presentación sin que seas tú quien hable todo el tiempo.
- Cuando te pidan que representes a tu equipo en un evento de relevancia, no asistas siempre tú, sino pide a alguno de los miembros de tu equipo que te sustituya. Rota conscientemente a quién se lo pides cada vez que surja una oportunidad de este tipo para poder dar protagonismo a más personas.

55

INTERVÉN CON SABIDURÍA PARA GESTIONAR LOS DETALLES

«Presionar a tu equipo todo el tiempo no te hará ganar su cariño, pero a veces es necesario hacerlo».

Uno de los peores tipos de líderes es aquel que nunca deja en paz a los miembros de su equipo. En el capítulo 43, aprendiste que ser un jefe que se dedica a vigilar constantemente a su equipo puede ser muy desmotivador y agobiante, y que a menudo es una de las principales razones por las que alguien renuncia a su trabajo.

Aunque este comportamiento —conocido como microgestión— nunca debe ser tu estilo de liderazgo predeterminado, a veces es necesario recurrir a él cuando sabes que hay razones de peso para tener que involucrarte muy de cerca en el trabajo de un miembro del equipo. Entre ellas se pueden incluir las siguientes:

- Se ha incorporado al equipo un nuevo miembro que no está familiarizado con diversos aspectos de sus funciones y responsabilidades.

- Un miembro del equipo con experiencia ha asumido una tarea nueva y desafiante que puede ser muy importante o muy costosa si no se realiza bien.

- Tienes un miembro del equipo que muestra un bajo rendimiento con el que necesitas trabajar estrechamente para animarlo y que mejore.

- Hay una emergencia o un plazo muy urgente y sabes que no puedes arriesgarte a dejar a tu personal solo para que se ocupe de las tareas pertinentes. Es de esperar que estos periodos de crisis sean poco frecuentes y no se produzcan a diario.

✓ *Ponlo en práctica*

ELIGE CON CUIDADO CUÁNDO INVOLUCRARTE

El secreto es no permitir nunca que ninguna forma de microgestión se convierta en tu hábito y estilo por definición, sino que sea una de las herramientas posibles que solo utilizas en situaciones muy específicas en las que consideras que es el estilo de liderazgo más adecuado.

MICROGESTIONA ALENTANDO E INSPIRANDO

Lo difícil de la microgestión es llevarla a cabo sin desmotivar ni molestar al personal. Los mejores líderes lo consiguen siguiendo estas reglas:

- Explica las razones y la necesidad de trabajar en estrecha colaboración con ellos y pide comprensión.

- Pregúntales cómo les gustaría que te involucres, en lugar de limitarte a imponerles tu estilo. Es posible que prefieran acudir a tu oficina en lugar de que te acerques a su zona de trabajo.

- Mantén la calma y evita mostrar una ansiedad, estrés y preocupación innecesarios (sobre el rendimiento de la persona), ya que esto hará que la otra persona sienta ansiedad y pueda empezar a ver de forma negativa tus intentos de ayudarle.

- Demuestra que valoras y confías en la persona a la que estás asistiendo. No es fácil, ya que la microgestión hace que la mayoría de las personas sientan que no se confía en ellas. Intenta superarlo hablando abiertamente con los miembros de tu equipo sobre lo mucho que confías en ellos y los valoras, explicándoles las razones por las que necesitas microgestionarlos en ese momento.

5 6

CONTAGIA OPTIMISMO

. . . .

«Ten cuidado con lo que elijas, pues tanto el optimismo
como el pesimismo son muy contagiosos».

¿Alguna vez has trabajado para un jefe muy pesimista? No hay nada peor que hacerlo para alguien que siempre está de mal humor, es negativo y está deprimido. Te sentirás desmotivado e infeliz, mientras que tu jefe probablemente no rendirá al máximo en su función de liderazgo. Sin duda, existe una correlación entre el optimismo de un líder y su rendimiento, y un artículo de investigación de 2017 publicado en la revista *International Journal of Management,* que revisó los estudios sobre este tema, lo confirmó al descubrir que el optimismo tiene un fuerte impacto en la eficacia del liderazgo de cuatro maneras:

- El optimismo crea confianza entre las personas.
- Ayuda a los líderes a mantener una actitud positiva y resiliente en tiempos difíciles.
- Crea un entorno más cooperativo y propicio para el intercambio.
- Aumenta el propio concepto de eficacia de una persona o la creencia en su capacidad para alcanzar objetivos.

Pero el optimismo hace aún más que eso. ¡También puede ayudarte a llevar una vida más sana y longeva! Un estudio de la Universidad de Yale de 2002 concluyó que las personas más positivas viven una media de 7,6 años más que las demás. Así que vale la pena esforzarse...

Los líderes de éxito comprenden todos estos beneficios y siempre tratarán de proyectar optimismo, sabiendo que el pesimismo y el desánimo solo sirven para desmoralizar a sus empleados, alejar a los clientes e incluso hacer que los inversores se muestren cautelosos.

Sin embargo, hay momentos en los que un líder experimentado puede necesitar moderar su optimismo, por ejemplo, al disculparse por un error cometido por su empresa, al anunciar malos resultados financieros o al enfrentarse al fallecimiento de un compañero. Pero estas son excepciones que confirman la regla, ya que la mayoría de las veces un líder exitoso podrá proyectar optimismo de forma constante en todas sus palabras y acciones.

✓ *Ponlo en práctica*

DESARROLLA UNA ACTITUD OPTIMISTA

Entrénate para ser optimista, tanto si eres una persona naturalmente positiva como alguien que tiende a ver el vaso medio vacío.

- Analiza con honestidad tus patrones de comportamiento y pide a otras personas que te den su opinión sobre la frecuencia y las formas en que muestras una actitud positiva y optimista.

- Trata de comprender cuándo tienes tendencia a mostrarte contrariado, por ejemplo, cuando las cosas no salen como deseas o alguien no está de acuerdo contigo. Pide a tus colegas cercanos que te avisen cuando observen que comienzas a actuar de manera negativa. En ese momento, piensa que debes dejarlo pasar y seguir adelante, sonriendo, dando un paseo o cerrando los ojos y observando con calma la respiración. Si es necesario, actúa y esboza una sonrisa fingida.

- Aborda lo que te rodea y las situaciones desde una perspectiva positiva, planteándote a ti mismo y a tus compañeros preguntas como estas: «A pesar de este retraso, ¿qué aspectos positivos podemos aprovechar?», «Aunque nos enfrentamos a estos obstáculos, ¿qué es lo que está saliendo bien?» o «Puede que el proyecto no haya cumplido las expectativas del cliente, pero ¿qué lecciones positivas podemos extraer para la próxima vez?».

- Mantente alejado de las personas negativas y evita contratarlas para tus equipos y tu organización. Su falta de mentalidad positiva puede ser tóxica y minar la energía mientras se intenta gestionar y aislar su negatividad.

- Avisa a los miembros de tu equipo y a tus colegas cuando no te sientas bien y puedas parecer negativo o deprimido. Cuando te sientas así, intenta alejarte de la gente trabajando desde casa, cancelando reuniones y evitando tomar decisiones importantes. Cuando te sientas mal, es mejor estar solo que contagiar a los demás tu pesimismo.

57

ANIMA A LAS PERSONAS CUANDO LO NECESITEN

....

«Todo el mundo se enfrenta a dificultades.
El liderazgo consiste en animar a las personas a seguir intentándolo».

C omo líder, es muy fácil reconocer y celebrar los éxitos del equipo, sobre todo cuando la gloria se puede compartir. El buen trabajo del equipo se refleja positivamente en ti como jefe y te resultará fácil motivar y compartir, así como aprovechar, mantener y replicar esos éxitos.

El reto surge cuando ocurre lo contrario y uno de los miembros de tu equipo tiene dificultades para alcanzar los objetivos e incluso fracasa por completo. En el entorno empresarial actual, cada vez más volátil y complejo, las dificultades y los fracasos son cada vez más habituales. ¿Cómo responderás cuando ocurra esto?

La forma en que reaccionas ante los miembros de tu equipo cuando no alcanzan sus objetivos es una medida importante de tu madurez como líder. Puede ser muy fácil enfadarse, molestarse y criticar, y dejar claro al miembro del equipo lo que ha hecho mal. Un líder sensato puede molestarse, pero rápidamente pasará a una estrategia distinta para ayudar a la persona a aprender, crecer y avanzar:

• Desafiándolos a aceptar, aprender y crecer a partir de sus experiencias y errores.

• Apoyándolos para que avancen de forma positiva y sigan intentándolo.

✓ Ponlo en práctica

DESAFÍA Y APOYA SISTEMÁTICAMENTE

Siempre que uno de los miembros de tu equipo tenga dificultades para completar su trabajo y alcanzar sus objetivos, sigue estos cinco pasos para ayudarle a aprender y crecer:

1. Permite que la persona hable y comparta sus sentimientos, decepciones y preocupaciones (por ejemplo, sobre cómo reaccionaron las personas de su entorno, incluyéndote a ti).

2. Ayúdale a explorar, comprender y aprender de lo que ha sucedido, quién ha tenido la culpa y cómo evitar repetir los mismos errores.

3. Proporciónale la formación, el *coaching*, la tutoría u otras formas de apoyo necesarias para ayudarle a tener éxito la próxima vez.

4. Pasa tiempo con esa persona animándola, inspirándola y motivándola para que siga adelante con confianza y positividad.

5. Dale respaldo, confianza y seguridad para animarlo a emprender de nuevo la misma actividad o tarea.

NO INSISTAS

Nunca seas un líder que se regodee en las dificultades y los fracasos de los demás, aunque sean competidores. No digas nada y mantén una actitud neutral si es necesario, pero nunca menosprecies a alguien que ya se siente mal y está pasando por dificultades. Además de que es lo correcto, nunca se sabe cuándo podrías necesitar su ayuda, su ánimo y su apoyo en el futuro.

CUANDO SE REPITAN LOS ERRORES, RESPONDE CON SABIDURÍA, NO DESDE UN ENFOQUE EMOCIONAL

Si alguien repite el mismo error, es posible que te sientas molesto y enfadado con esa persona. Dependiendo de las circunstancias, es posible que te preguntes si debes mantenerla en tu equipo. Antes de culparla, analiza si sus dificultades podrían ser en realidad culpa tuya y si tú:

• No hiciste todo lo posible para ayudarla a aprender de su primer error.

• No le proporcionaste los medios y el apoyo necesarios para que lo volviera a intentar.

58

HONESTIDAD ANTE TODO

«¿Quieres ser un gran líder? Empieza por dejar de mentir».

Está demostrado que los líderes mienten. Con demasiada frecuencia, se ignora y se acepta con todo tipo de justificaciones, como:

- «Fue solo una pequeña tergiversación de la verdad».
- «Otras personas hacen la misma afirmación falsa».
- «Fue algo puntual y normalmente nunca engaño a la gente».
- «La verdad es demasiado dolorosa y complicada».

Es posible que pienses que decir alguna mentira de vez en cuando es aceptable e insistas en que el resto del tiempo eres sincero. Sin embargo, un estudio publicado en 2016 en la revista *Nature Neuroscience*, en el que participó un equipo de psicólogos, entre ellos Dan Ariely, demostró que, cuanto más mentimos, menos sentimientos de culpa, miedo y ansiedad produce el cerebro. En otras palabras, cuanto más deshonestos y engañosos somos, menos probabilidades hay de que dejemos de hacerlo.

Intentar ser honesto puede no ser fácil, pero los beneficios deberían ser un incentivo suficiente para obligarte a intentar actuar siempre con la máxima integridad posible:

- Te ganarás la confianza y el respeto de los demás por decir la verdad y ofrecer opiniones y valoraciones sinceras. Puede que haya momentos en los que no seas muy querido por decir la verdad, pero es de esperar que los demás te respeten por ser una persona con carácter.
- Ser honesto es muy fácil, mientras que mentir requiere energía, ya que hay que esforzarse por no ser descubierto. Esto implica tener que recordar lo que se ha dicho por si alguna vez hay que repetir la misma mentira.
- Las personas se sentirán más cómodas, se abrirán y compartirán cosas contigo cuando sepan que pueden confiar en que cumplirás tu palabra.
- Ser honesto es contagioso y animará a tus compañeros de trabajo a ser también personas más abiertas y sinceras.

✓ Ponlo en práctica

PIENSA EN LA REPUTACIÓN A LARGO PLAZO POR ENCIMA DE LAS GANANCIAS A CORTO PLAZO

La próxima vez que te sientas tentado a decir incluso una pequeña mentira piadosa, pregúntate: «¿Realmente vale la pena el coste de que me descubran?». Aunque tu conciencia no te remuerda por tergiversar la verdad, ¿tu reputación y tu nombre resistirán el hecho de que, si te descubren, hayas sido deshonesto?

Debes ser especialmente fuerte cuando tus compañeros te presionen para que encubras algo y mientas, como fingir que una tarea se completó a tiempo cuando no fue así. Sé fuerte y comprende que proteger tu reputación siempre debe pesar más que el malestar y la presión que causes al negarte a seguirles el juego.

Si te resulta demasiado estresante seguir siendo honesto, trata de resistir y seguir adelante. En estos casos, dimitir nunca es un fracaso, sino simplemente una forma de protegerte del acoso potencial, la presión de los compañeros y el ostracismo de tus colegas. Si eres un alto directivo y te sientes lo bastante fuerte, puedes optar por quedarte para intentar cambiar de forma proactiva la cultura corporativa de tu entorno laboral.

ANIMA A LOS DEMÁS A SER SINCEROS

Incluso si trabajas en un entorno saludable donde se valora mucho la integridad, es posible que tengas compañeros que inventen historias y jueguen con la verdad de vez en cuando. Como líder, es tu deber detenerlos. Puedes intentar hacerlo de forma diplomática, en privado, de manera amistosa e informal, o de una manera más formal, denunciando oficialmente lo que han hecho.

NO OLVIDES
TU SALUD

«No es fácil liderar a otras personas
cuando estás en una cama de hospital o en un ataúd».

Nadie socavaría su salud en pos del liderazgo y el éxito profesional, ¿verdad? Lamentablemente, son demasiados los líderes que sí lo hacen. Ascienden en la escala jerárquica mientras se agotan por el estrés y enferman física y mentalmente. He asesorado a decenas de líderes de este tipo y me sorprende cuánta salud se han dejado por el camino en su afán por conseguir bonificaciones y ascensos a final de año.

El buen liderazgo requiere habilidades como la orientación hacia los detalles, la concentración, el equilibrio emocional, el enfoque, la calma y la persistencia, todas las cuales van de la mano de un buen estado físico y emocional. Cuando estás estresado, sobrecargado y agotado, no puedes hacer todo esto bien y, como resultado, corres el riesgo de:

- Tomar malas decisiones y cometer otros errores porque estás cansado y no puedes concentrarte.
- Carecer de inspiración positiva debido al estrés y un estado depresivo.
- No estar tranquilo ni sentir felicidad por el dolor y la irritación causados por tensión muscular, rigidez de cuello o dolores de cabeza.
- No tener ganas de mirar hacia adelante, de establecer una visión y una dirección por agotamiento. Como resultado, puedes empezar a perder interés en tu trabajo y tu carrera.

✓ *Ponlo en práctica*

CUIDA TODOS LOS ASPECTOS DE TU SALUD

Debes hacer todo lo necesario para mantener tu bienestar y salud en general:

- Salud física: establece una rutina de ejercicio que incluya actividades físicas que te interesen, como caminar, correr, practicar determinados deportes o ir al gimnasio.

- Salud mental: mantén la mente tranquila y descansada, buscando momentos de silencio, alejándote del ruido de tus tareas cotidianas, quizás practicando meditación y dando paseos por la naturaleza.

- Salud emocional: aléjate de situaciones tensas y conflictivas y haz una pausa antes de reaccionar cuando una persona o situación te haga hervir por dentro.

- Salud espiritual: todos buscamos sentido a nuestro trabajo y equilibrio en nuestra vida. Cuando tu papel de liderazgo ya no te proporcione ninguno de los dos, haz cambios. Esto podría incluir dejar tu trabajo actual o la empresa para la que trabajas.

ANTEPÓN SIEMPRE TU SALUD AL LIDERAZGO

Cuando el estrés de ser líder te supere, no dudes en dar un paso atrás, reducir el ritmo o incluso renunciar para ganar en salud. Esto es lo que hacen los líderes de éxito y nunca debes sentir que has fracasado por anteponer tu salud a tu carrera. Sigue el ejemplo del director ejecutivo del Lloyds Bank, Antonio Horta-Osorio, que en 2011 renunció temporalmente a su cargo para recuperarse de un cuadro de agotamiento. Tras un par de meses de baja, volvió a ocupar su puesto de liderazgo en el banco, que sigue desempeñando en la actualidad.

VIGILA LA SALUD DE TU EQUIPO

Ayuda a tu equipo a centrarse en su propia salud hablando sobre cuestiones y temas relacionados, como el estrés, las horas de trabajo, los conflictos y las tensiones, los entornos de trabajo físicos, la alimentación saludable y el ejercicio. Apoya siempre las ideas y sugerencias de tus empleados sobre cómo pueden mejorar colectivamente en el trabajo y la vida.

60

SÉ AUDAZ Y ATRÉVETE

«Deja de andar siempre sobre terreno seguro.
Lleva a tu equipo a donde nunca antes habéis estado».

Tus habilidades de liderazgo se pondrán a prueba cuando lleves a tu equipo, organización o negocio por caminos nuevos e inexplorados en pos de objetivos grandes y audaces. Muchos líderes son demasiado cautelosos y conservadores para hacerlo y darán con todas las razones imaginables para explicar por qué esos objetivos son imposibles de alcanzar.

Los buenos líderes son muy diferentes y nunca reprimen su audacia, pasión, osadía y atrevimiento. Utilizan estas cualidades para entusiasmar, llenar de energía y motivar a las personas (incluidos ellos mismos) para abordar incluso los objetivos que parecen imposibles. Siempre se puede identificar a estos líderes como aquellos que:

- Están dispuestos a crear y centrarse en objetivos extraordinarios que a otros les pueden parecer quimeras.
- Convierten equipos ordinarios en equipos extraordinarios, felices de comprometerse con retos que abrumarían a la mayoría de las personas.

Steve Jobs fue un ejemplo de líder que actuó siempre de manera audaz y visionaria. Esto puede apreciarse en todos los proyectos que impulsó en Apple, desde la apuesta por ordenadores personales con un diseño y una usabilidad revolucionarios, hasta la creación de productos que transformaron industrias enteras, como el iPod, el iPhone o el iPad, en plazos ambiciosos y bajo estándares muy exigentes. No todos los líderes tienen la personalidad, la ambición o la inclinación para convertirse en un Steve Jobs, pero todos los líderes de éxito desarrollan y practican, a su manera, la capacidad de pensar en grande y de inspirar a otros para que sigan esa visión.

✓ *Ponlo en práctica*

....

¿QUÉ TE IMPIDE PENSAR EN GRANDE?

Observa tus reacciones y sentimientos cuando tus compañeros o jefes te presenten un objetivo o sueño muy ambicioso. Si te resulta complicado explorar y aceptar sus ideas, intenta entender por qué te cuesta:

- Es normal sentirse abrumado y preocuparse por los retos que implica trabajar en tales objetivos. Pero este es un tema que hay que abordar más adelante, no una razón para descartar en el momento el ambicioso objetivo o plan.

- Es comprensible pensar que un gran objetivo puede ser imposible de alcanzar y, como resultado, no querer invertir tiempo ni energía en abordarlo.

- Sin embargo, deja a un lado ese escepticismo y esa incredulidad, repítete que «quizás sea posible» y empieza a escuchar a quienes defienden la idea.

ASUME EL RIESGO DE PERSEGUIR METAS AMBICIOSAS

Muéstrate dispuesto a perseguir tus propios objetivos audaces. Del mismo modo que puedes haber sido escéptico ante las ideas ambiciosas y descabelladas de otras personas, prepárate para desarrollar una coraza que te permita repeler las dudas y el escepticismo de los demás. Apasiónate tanto por tus propias ideas que te resulte más fácil encontrar el valor y la convicción necesarios para seguir adelante, incluso cuando tus compañeros piensen que estás loco.

BUSCA EL APOYO DE TU EQUIPO

- Trata de ser más extrovertido y expresivo en tus comunicaciones. Esto te ayudará a dar charlas estimulantes e inspiradoras a tu equipo para buscar su apoyo para tus objetivos.

- Utiliza palabras y expresiones positivas e inspiradoras, como «emocionante», «revolucionario» y «vanguardista», para entusiasmar a tus compañeros y ayudarles a aceptar tus ideas.

- También puedes crear historias para compartir con tu equipo, que ayuden a expresar la visión de hacia dónde deseas llevarlos y para que comprendan más fácilmente tus ambiciosos objetivos.

61

MIRA MÁS ALLÁ DE LOS RESULTADOS ECONÓMICOS

....

«Todo líder tiene un profundo propósito y responsabilidad hacia el planeta y toda la humanidad».

Ya no basta con cumplir los objetivos de ventas, beneficios y crecimiento. Para considerarte un líder de éxito hoy en día, también debes asegurarte de que todo lo que creas sea sostenible y contribuya a hacer del mundo un lugar más saludable y mejor para vivir. Para ello, debes reconocer y abordar todo tipo de prácticas de liderazgo cuestionables con las que puedas estar relacionado, como por ejemplo:

- Crear un negocio de agua mineral altamente rentable que está extrayendo toda el agua de los acuíferos locales y reduciendo el nivel freático.

- Ampliar la compra de productos de confección a proveedores de países con bajos costes laborales y hacer la vista gorda ante las denuncias de que su ropa se fabrica con mano de obra infantil y forzada y produce residuos que contaminan los ríos.

- Externalizar el almacenamiento y cadena de suministro a una empresa cuyo personal tiene contratos abusivos y debe permanecer de pie durante turnos de doce horas con descansos muy breves y supervisados.

- Provocar una considerable huella de carbono al permitir que el personal a tu cargo viaje siempre en avión para realizar negocios en lugar de trabajar mediante video-conferencias con colegas y partes interesadas en el extranjero.

- Dirigir una empresa de fabricación de muebles que se abastece de madera procedente de empresas que talan árboles sin tener en cuenta el impacto medioambiental.

Ya no se puede dirigir un negocio de forma aislada e ignorar su impacto en el medio ambiente, las poblaciones locales y la sociedad en general. Por lo tanto, independientemente de si diriges una pequeña organización local o una gran empresa global, conviértete en un líder que quiera dejar un impacto positivo en el mundo que te rodea, hazlo por el futuro de tus hijos y de tus nietos.

✓ *Ponlo en práctica*

ANALIZA LA SITUACIÓN ACTUAL DE TU EMPRESA

Haz una auditoría de todas las prácticas, procesos y decisiones de liderazgo de tu empresa con la ayuda de consultores externos o recurriendo a una muestra representativa del personal y los directivos para llevar a cabo la revisión. Pídeles que elaboren una lista de todas las actividades que deban abordarse y organiza sesiones de *brainstorming* y retroalimentación para decidir entre todas las personas cómo tu empresa puede ser más ética, justa y respetuosa con el medio ambiente.

HAZ LA PRUEBA DE «¿QUÉ PENSARÍA MI HIJO DE 16 AÑOS?»

Para tener una perspectiva más amplia, comparte los resultados de tu auditoría y de las sesiones de lluvia de ideas y comentarios con un grupo de jóvenes. Pregúntales qué creen que deberías hacer. Es muy probable que te respondan desde un punto de vista ético, sostenible y justo muy claro, y que sus conclusiones te ayuden a tomar tus propias decisiones.

MANTÉN CONVERSACIONES PERIÓDICAS SOBRE RSC

Acostúmbrate a mantener conversaciones sobre responsabilidad social corporativa (RSC) en las que participen una amplia representación del personal de tu empresa y las principales partes interesadas. Crea un presupuesto para invertir en diversas iniciativas relacionadas con la RSC, como retribuir a la comunidad local, organizar limpiezas de playas y crear sistemas de reciclaje.

TEN EL VALOR DE SACRIFICAR PARTE DE LOS RESULTADOS ECONÓMICOS

Nunca dudes a la hora de corregir prácticas inaceptables. Es mejor afrontar el coste y el dolor por decisión propia que esperar a que un escándalo obligue a la empresa a cambiar. Conviértete en un líder para quien los beneficios son importantes, pero no lo son todo. Deja claro que nunca dudarías en hacer lo correcto asumiendo el coste adicional. Un ejemplo podría ser dejar de comprar materias primas a fábricas de bajo coste que tratan mal a su personal y cambiar a proveedores más caros quienes supervisan y ofrecen condiciones de trabajo más justas.

6 2

SÉ UN EXCELENTE MENTOR

*«Para ayudar a otras personas a crecer,
comparte tus palabras de sabiduría».*

Todos los líderes comparten su experiencia, conocimientos y vivencias, y al hacerlo se convierten en mentores de sus compañeros. Por desgracia, la mayoría de los líderes lo hacen muy mal porque nunca se les ha enseñado a ejercer de mentores de otras personas de forma profesional. Entre sus errores más comunes se encuentran:

- Compartir historias y anécdotas favoritas que pueden no tener relevancia para los retos a los que se enfrentan las personas asesoradas y para lo que buscan ayuda.

- Dar lecciones sin hacer preguntas para comprender mejor sus necesidades reales o para aclarar si las personas que reciben el asesoramiento están entendiendo lo que se les dice.

- No escuchar a esas personas y tratar el intercambio como un proceso de comunicación unidireccional y una oportunidad para presumir e impresionar.

- No aprender nada de las propias experiencias de las personas asesoradas.

Una mentoría deficiente es contraproducente y puede hacer que la persona asesorada tenga dificultades para encontrar el valor y aplicar los consejos que le da el líder. La confusión y la sensación de estupidez resultantes pueden ser muy desmotivadoras y desestimulantes. Esto es comparable a un líder que siempre da órdenes, da charlas y enseña, y su personal solo tiene que escuchar.

La mejor práctica de mentoría no consiste tan solo en dar a otras personas tus consejos, experiencias y opiniones, sino que es un viaje de descubrimiento que implica:

- Un proceso bidireccional de intercambio y aprendizaje, en el que el mentor ayuda a la persona mentorizada a reflexionar sobre sus propias experiencias, desarrollar su propia sabiduría, madurar y mejorar sus procesos de pensamiento.

- Que el mentor formule preguntas que inviten a la reflexión, en lugar de limitarse a dar consejos. En los momentos oportunos, puede recurrir a sus propias experiencias y compartir ideas y sugerencias útiles que se ajusten a las necesidades, la situación y el contexto de la persona asesorada.

✓ *Ponlo en práctica*

APLICA LAS MEJORES PRÁCTICAS

Adopta los siguientes consejos cuando tengas que responder a solicitudes de ayuda:

- Cuando te pidan ayuda, primero decide si esa persona necesita una respuesta inmediata o si hay tiempo para orientarla.

- Comienza cualquier sesión de orientación como una conversación de *coaching*, explorando cuáles son los problemas de la persona y qué opciones tienes ya en mente como solución. Para ayudar a guiar la conversación, sigue el modelo GROW, del que hablamos en el capítulo 47.

- Durante la conversación, pasa del *coaching* a la mentoría diciendo algo como esto: «Ahora que te he ayudado a explorar y comprender el problema que tienes y las opciones disponibles, déjame compartir contigo algunas ideas y sugerencias útiles...».

- Adapta tus consejos a la situación y las necesidades de la persona asesorada. Pregúntale si tu idea o historia le ha resultado útil y relevante, y cómo podría aplicarla en su caso.

- Si ambos consideráis que la conversación inicial de mentoría ha sido valiosa, podéis continuar con esta labor durante varios meses, manteniendo más conversaciones en las que la persona mentorizada pueda plantear cualquier tema de debate.

CREA UN PROGRAMA DE MENTORÍA INTERNO

Colabora con tus compañeros de Recursos Humanos para crear programas de mentoría internos (u ofrecer apoyo a los ya existentes) en los que los empleados y directivos más nuevos o con menos experiencia puedan trabajar con un mentor como tú. Lo ideal es que el mentor de una persona nunca sea su propio superior directo (para que tenga a alguien más que su jefe con quien abrirse).

APRENDE DE TUS ALUMNOS

Los miembros más jóvenes del equipo pueden aportarte todo tipo de ideas nuevas, incluso en el ámbito tecnológico y sobre las tendencias propias de su generación, lo que puede ayudarte a aprender cómo motivarlos y conectar con ellos. Este proceso de aprendizaje del mentor por parte de la persona mentorizada se conoce como «mentoría inversa».

ROMPE LAS REGLAS

«Demuestra valentía ignorando las normas
y reglas absurdas».

Los líderes de éxito a veces no permiten que las reglas, las políticas y las normas se interpongan en su camino para tomar las medidas y las decisiones correctas.

Cuanto más grande y consolidada sea la empresa en la que trabajas, más probable será que haya que saltarse o ignorar ciertas reglas para conseguir que las cosas salgan adelante. Esto puede implicar romper normas aceptadas, reglas no escritas, políticas acordadas o determinadas directrices, como en los siguientes casos:

- Tu predecesor siempre asistía a determinadas reuniones internas semanales, pero te das cuenta de que no tiene sentido que continúes con esta práctica y dejas de hacerlo. Cuando te preguntan por qué rompes con esta práctica, es posible que tengas que darles tus razones.

- Las políticas del Departamento de Recursos Humanos establecen que todos los candidatos deben ser entrevistados por cinco compañeros y que se deben comprobar sus referencias y el salario que demandan antes de poder ofrecerles un puesto de trabajo. Sin embargo, entrevistas a una candidata realmente excepcional, que hasta la fecha solo ha entrevistado otro compañero, y te das cuenta de que esta solicitante de empleo está a punto de aceptar una oferta de trabajo de la competencia. Decides ignorar las normas de contratación y le envías inmediatamente una oferta de trabajo por escrito.

- Tu equipo ha estado trabajando muy bien durante varios años con un proveedor de un servicio especializado. Con las nuevas normas de contratación pública, te das cuenta de que deberías prescindir de este proveedor porque no cumple varios requisitos de conformidad, pero decides seguir trabajando con él, alegando que no hay ningún otro proveedor en el mercado con sus magníficas cualidades.

✓ Ponlo en práctica

SÉ PRUDENTE

El secreto está en actuar con prudencia y sensatez a la hora de decidir cuándo y cómo infringir las normas escritas y no escritas de la empresa en la que trabajas. Nunca lo hagas si pone en peligro tu carrera o tu reputación. Si ya has traspasado los límites y has cometido el error de ignorar una norma realmente importante, busca la comprensión y el perdón de tu jefe o de tus compañeros más veteranos y no vuelvas a hacerlo nunca más.

SÉ ABIERTO Y HONESTO

Cuando te lo pregunten, nunca niegues haber ignorado una política de la empresa. Explica con calma tus razones para no haber obtenido las aprobaciones requeridas, no haber rellenado la documentación correcta o no haber seguido un plazo determinado.

AYUDA A CAMBIAR LAS REGLAS SI CARECEN DE SENTIDO

Prepárate para alzar la voz y sugerir que se elimine una política ineficaz o inútil cuando no aporte ningún valor a la empresa y tal vez ya la ignoren muchos compañeros sin que ello tenga ningún impacto negativo.

CUMPLE CON LA LEY

No hace falta decir que infringir las normas nunca debe llegar al extremo de infringir las leyes de un país.

• Puedes despedir a un miembro de tu equipo sin seguir todos los procedimientos internos requeridos, pero nunca violes ninguna ley laboral aplicable.

• Del mismo modo, puede que superes los límites de gastos de tu empresa al invitar a un cliente a una cena de celebración, pero nunca debes ofrecerle nada que pueda hacer que se te acuse de infringir la ley anticorrupción del país de tu empresa.

6 4

ACEPTA QUE A VECES VAS A SENTIRTE SOLO

«El liderazgo y la soledad suelen ir de la mano».

Ser líder suele conllevar soledad, y hay que tener cuidado porque esta soledad puede tener un impacto negativo en tu rendimiento. Así lo demostró un estudio realizado en 2012 por la *Harvard Business Review*, en el que el 50 % de los directores generales afirmaron sentirse solos en el trabajo y, de ellos, el 61 % consideraba que esto afectaba a su rendimiento.

Esta soledad se debe a que no hay nadie con quien abrirse y compartir los problemas y preocupaciones. Y a que puedes sentir que nadie entenderá lo que estás enfrentando y pasando, o que no es apropiado abrirte con ciertas personas:

- Es posible que el personal a tu cargo no comprenda ni aprecie tus retos como líder.
- Puede que tengas que ocultar muchos asuntos y decisiones a tu personal, lo que limita tu capacidad para abrirte libremente.
- Es posible que te resistas a confiar en tus compañeros más veteranos y tu propio jefe (si lo tienes) por miedo a mostrar vulnerabilidad y debilidad, y temes que puedan utilizarlo en tu contra más adelante.

Esta sensación de soledad puede ser más difícil si has sido miembro del equipo que ahora diriges. Antes de tu ascenso, es posible que fueras muy abierto y cercano con tus colegas, pero ahora que eres el jefe tal vez te tratan de forma diferente y, por ejemplo, ya no te invitan a salir con ellos.

También es posible que tu apretada agenda interfiera en tu vida social y que tengas menos tiempo libre para reunirte con tu familia, amigos y conocidos. Esto puede resultar muy frustrante y exacerbar aún más la sensación de soledad como líder.

✓ Ponlo en práctica

....

ACEPTA TU SOLEDAD

Acostúmbrate a la idea de estar solo y no tener un grupo de colegas con los que intercambiar ideas, pedir opiniones y contrastar tus pensamientos. Ten la confianza necesaria para escucharte a ti mismo y tomar algunas decisiones por tu cuenta.

APÓYATE EN LAS AMISTADES

Es posible que puedas tomar algunas decisiones por tu cuenta, pero los líderes de mayor éxito buscan de forma proactiva el consejo, el apoyo y la opinión de otras personas cuando lo necesitan. Crean un círculo íntimo que les brinda apoyo. Esto puede incluir:

- Acudir a uno o dos compañeros de confianza que conozcas desde hace tiempo, en los que puedas confiar y con quienes abrirte sobre tus inquietudes, preocupaciones y miedos. Pueden ser personas que te estén asesorando como parte de un programa.

- Hacer amistad con líderes que trabajan para otras organizaciones, con quienes puedas abrirte, reflexionar, aprender y compartir ideas (¡sin revelar información confidencial de la empresa, por supuesto!). Puedes conocer a líderes en todo tipo de eventos de *networking* organizados en tu ciudad o país por organismos como Lions, Rotary, cámaras de comercio, asociaciones industriales y otros clubes privados (como un club de golf).

LA SOLEDAD NO SE LIMITA A LOS LÍDERES

En un mundo impulsado cada vez más por la tecnología, muchos de nosotros nos sentimos cada vez más aislados, ya que dependemos más de los correos electrónicos, los mensajes y las videoconferencias y menos de las interacciones cara a cara. Además de controlar tus propios sentimientos de soledad, mantente siempre atento a los miembros de tu propio equipo que puedan sentirse solos y desconectados, y ofréceles pasar tiempo con ellos tomando un café o almorzando.

65

TOMA LAS DECISIONES CORRECTAS

....

«Tu trayectoria como líder dependerá de tus decisiones y elecciones clave».

La toma de decisiones es una habilidad tan importante porque, como líder, tus elecciones pueden determinar el futuro de la empresa y de tu propia carrera profesional.

Lamentablemente, no existe una fórmula mágica que garantice que todas y cada una de las decisiones que tomes sean las ideales. Si sigues a los líderes de algunas de las empresas más exitosas del mundo, como Apple, Facebook, Alibaba, Samsung, Airbnb y Zara, y lees sobre ellos, pronto descubrirás que han tomado algunas decisiones increíblemente acertadas, pero también otras muy desacertadas. A veces, el efecto de una mala decisión solo es visible para unas pocas personas dentro de la empresa, pero otras veces pueden tener un impacto tan grande como para que la organización aparezca en las noticias internacionales:

- Durante la crisis financiera de 2007-2008, algunos de los bancos más grandes del mundo se enfrentaron a la quiebra, mientras que el banco de inversión Lehman Brothers cerró sus puertas.
- El vertido de petróleo de Deepwater Horizon en 2010 le costó a British Petroleum su reputación y miles de millones en pagos por indemnización.
- En 2019, Boeing tuvo que reservar unos miles de millones de dólares para indemnizaciones tras la inmovilización de todos los aviones 737 Max.
- Marcas mundiales anteriormente reconocidas como Blockbuster, Kodak, Toys R Us y Borders han dejado de operar.

Incluso si trabajas en una pequeña empresa en la que el impacto financiero potencial de una mala decisión es de solo unos pocos miles de dólares, debes evitar cometer errores como este si quieres que te consideren un buen líder y conservar el trabajo. El secreto está en convertirte en un experto en la toma de decisiones y reducir el riesgo de tomar alguna que pueda destruir tu empresa o tu carrera.

✓ Ponlo en práctica

INVOLUCRA A LAS PERSONAS ADECUADAS

Nunca tomes solo una decisión difícil: involucra siempre a otras personas. Busca la ayuda de quienes tengan más experiencia dentro de tu equipo, tus compañeros, otras partes interesadas y expertos. Pídeles que evalúen y cuestionen tus puntos de vista, tu forma de pensar y tus suposiciones. Siempre es mejor tener discusiones y debates difíciles antes de tomar la decisión correcta que tomar rápidamente una decisión que resulte ser errónea.

UTILIZA LAS HERRAMIENTAS ADECUADAS (PARA LA TOMA DE DECISIONES)

Trabaja con tu equipo para recopilar y analizar siempre todos los aspectos de una decisión, incluidos los hechos relevantes, las suposiciones, los riesgos y las repercusiones. Aprende a utilizar adecuadamente los marcos, modelos y procesos de toma de decisiones. Quienes trabajan contigo pueden enseñarte a utilizar algunos de los más conocidos y fáciles de entender, como:

- Análisis DAFO y PEST.
- Cálculos del coste de oportunidad.
- Análisis de coste-beneficio y puntuación ponderada.
- Árboles y matrices de decisión.
- Diagramas de causa y efecto.
- Cálculos de recuperación de la inversión y valor actual neto (VAN).

¿QUÉ ES LO PEOR QUE PODRÍA PASAR?

Nunca tomes una decisión hasta que comprendas los posibles impactos negativos de hacerlo. Pregúntate si tu empresa podría hacer frente al peor de los casos.

A veces descubrirás que los riesgos potenciales de una decisión son mayores que los beneficios. En tales casos, ten la humildad y el valor de considerar la posibilidad de modificar o dejar de lado una decisión prevista. Es mejor perder un poco de prestigio hoy que verte en la calle más adelante por tomar una decisión que resultó demasiado costosa.

66

SÉ UN ELEMENTO PACIFICADOR

....

«Tu liderazgo solo se pone realmente a prueba
cuando se avecinan nubes de tormenta y el mar se encrespa».

Cuando muchas personas trabajan juntas, es raro que haya armonía y sosiego entre todas en todo momento. Siempre habrá momentos de tensión, discusiones y conflictos, ya sean:

- Malentendidos sobre lo que ha dicho o hecho alguien.

- Tensiones entre compañeros de trabajo que se disputan los mismos horarios, la atención o los recursos.

- Jefes de departamento que se acusan mutuamente de mentir sobre quién ha aceptado asumir la responsabilidad de resolver un problema.

- Desacuerdos sobre cómo abordar un problema o alcanzar un objetivo.

- Choques de egos entre los miembros del equipo sobre quién tiene la mejor idea y debe liderar el debate.

- Celos sobre quién ha recibido el reconocimiento por un proyecto completado.

- Compañeros de trabajo que no se hablan después de que alguien se ofendiera por unos comentarios que se hicieron.

- El jefe ha roto la promesa de ascender a uno de los miembros del equipo y ha ascendido a otra persona en su lugar, lo que provoca el enfado del miembro del equipo que se siente menospreciado.

La forma en que respondes en tales situaciones es una medida de tu madurez y sabiduría como líder. Muchos líderes empeoran los problemas al involucrarse en el conflicto o tomar partido, o bien al ignorar el problema o decidir evitarlo. Al avivar cualquier conflicto, un líder puede convertir incluso asuntos menores en conflictos que luego tienen un alto impacto en la productividad, la colaboración y la motivación del equipo. Los mejores líderes hacen lo contrario: nunca eligen crear conflictos ni empeorar los que ya han surgido, si pueden evitarlo.

✔ *Ponlo en práctica*

DETECTA LOS POSIBLES CONFLICTOS

Trata de prestar siempre atención a aquellas situaciones en las que puedan surgir enfados, discusiones, malentendidos o desacuerdos. Cuando veas que se está gestando un problema, reúne a las personas afectadas y mantén conversaciones francas. Pide a las partes en conflicto que:

- Recuerden su propósito, visión, objetivos y éxitos colectivos, en lugar de centrarse tan solo en las posibles áreas de desacuerdo.

- Hablen continuamente entre ellas, resolviendo cualquier diferencia tan pronto como surja, contigo como persona mediadora en caso necesario.

TRATA DE APAGAR LOS INCENDIOS QUE YA SE HAN PRODUCIDO

Cuando el conflicto ya haya comenzado, actúa con rapidez para enfriar cualquier emoción o sentimiento negativo y ayuda a resolver el problema animando a todas las partes a:

- Hacer una pausa y compartir sus sentimientos, molestias y preocupaciones contigo y en confianza. A continuación, reúne a todas las partes en la misma sala (o mediante videoconferencia), permitiendo que todas escuchen las opiniones de las demás.

- Dirigir esta conversación según sea necesario para aseguraros de que se expresen todas las opiniones necesarias y que nadie se quede callado.

- Encontrar puntos en común y buscar un compromiso aceptable para todas las partes.

Durante estos encuentros, varía tu estilo de liderazgo según sea necesario, desde uno muy firme y directivo hasta uno más discreto; en definitiva, aquel que permita a las partes involucradas encontrar su propio consenso y camino.

PERMITE QUE SE PRODUZCAN CONFLICTOS SALUDABLES

A veces, los compañeros de trabajo necesitan expresar sus diferencias y tener momentos de desacuerdo. Todas las organizaciones de éxito lo reconocen y tienen una cultura de desacuerdo saludable y productiva. Tan solo asegúrate de seguir los consejos que se han ofrecido para evitar que estas discusiones se conviertan en conflictos negativos, tensos y cargados de emociones.

67

DEJA CLARAS LAS RESPONSABILIDADES

«Un buen líder nunca actúa echando la pelota a otros tejados».

Siempre se puede identificar a un líder débil por su habilidad y rapidez para culpar a otras personas cuando se le cuestiona por errores, malentendidos, objetivos no alcanzados y otros problemas relacionados con el bajo rendimiento. Estas personas pueden llegar a ser expertas en eludir sus responsabilidades y rendir cuentas, incluso cuando es obvio para los demás que son ellas las encargadas de las tareas y los objetivos pertinentes. Nunca tendrás éxito actuando de esta manera y, al final, te llamarán la atención por eludir tus responsabilidades como líder. Incluso podrías acabar siendo despedido.

El buen liderazgo consiste en hacer que las cosas sucedan, implementar cambios y alcanzar objetivos. Para ello, debes ser sistemático a la hora de distribuir y asignar responsabilidades, incluidas las tuyas propias, para asegurarte de que todo el mundo entiende exactamente quién es...:

- Responsable de una tarea o trabajo concreto: puede ser una persona o un grupo, que puede incluir al líder o no.
- Responsable de la finalización de ese trabajo: como líder, probablemente seas tú quien, en última instancia, deba rendir cuentas y sea responsable en este sentido. A medida que asciendas, los líderes que están por debajo de ti serán responsables del trabajo de su propio equipo, pero es posible que tú sigas siendo el responsable en última instancia.
- La persona a la que se le pide que preste apoyo o a la que se le consulta para ayudar en la realización de la tarea: normalmente solo son responsables de la calidad de su ayuda y asesoramiento.
- Quien necesita estar informado del trabajo y normalmente no tiene ninguna responsabilidad.

Conocido como el modelo RASCI, este marco facilita que cualquier líder y los miembros de su equipo comprendan, acepten y se centren en las tareas y los objetivos de los que son responsables y por los que deben rendir cuentas.

✓ *Ponlo en práctica*

ESTABLECE QUIÉNES SON LOS RESPONSABLES

- Crea tu propia versión del modelo RASCI y conviértelo en una tabla con los nombres de las personas que son responsables únicas o en grupo, así como las que deben rendir cuentas por las diferentes tareas y trabajos.

- Organiza debates y sesiones de *brainstorming* si es necesario para llegar a un acuerdo sobre quién es responsable y quién rinde cuentas de cada tarea y objetivo.

- Apoya, motiva y anima a los miembros del equipo a asumir su responsabilidad personal o a rendir cuentas. Si es necesario, mantente firme a la hora de asignar quién hace qué.

- Procura ser muy claro sobre las responsabilidades compartidas y asegúrate de que quienes son responsables conjuntamente estén alineados y sean capaces de trabajar en colaboración.

SÉ UN MODELO

Trata de ser un buen modelo mostrando entusiasmo y motivación para asumir toda la responsabilidad del trabajo de tu equipo, así como de cualquier tarea que emprendas a título personal.

DEMUESTRA QUE LOS FRACASOS DE TU EQUIPO TAMBIÉN SON LOS TUYOS

Nunca cometas el error de delegar tareas a tu equipo y luego culparlos por un mal desempeño, ni pienses que quedas exento de toda culpa. Siempre eres responsable del trabajo: es una función fundamental del liderazgo. Desafíalos y apóyalos para que completen el trabajo por sí mismos, pero nunca te laves las manos cuando tengan dificultades o fracasen.

68

ACTÚA CON ESPÍRITU EMPRENDEDOR

....

«¿Harías lo mismo si fuera tu propio negocio?».

Cuando eres un líder que trabaja para una empresa que no es tuya, puedes tomar decisiones sin tener que afrontar todas las consecuencias de los resultados de esas decisiones. Lo peor que puede pasar es que tomes malas decisiones y te despidan. Sin embargo, cuando eres un emprendedor propietario de la empresa, unas pocas decisiones mal tomadas podrían dejarte sin un duro si tu empresa quiebra y tus acciones pierden todo su valor.

Las personas emprendedoras saben que cada decisión que toman conlleva riesgos muy elevados en comparación con los líderes que trabajan para grandes empresas y que tan solo gastan o invierten el dinero de la compañía. Por este motivo, los emprendedores de éxito poseen algunas habilidades y atributos valiosos de los que deberías aprender:

- Reflexionan en profundidad sobre las opciones y decisiones a las que se enfrentan, dado que siempre está en juego su propio dinero.

- Han mejorado su intuición y sus corazonadas para complementar sus habilidades analíticas e intelectuales y obtener así una mayor ventaja.

- Sienten una gran pasión por los negocios que crean, lo que los convierte en líderes muy inspiradores, enérgicos y carismáticos.

- Son extremadamente creativos, les encanta pensar de forma innovadora y siempre toman la iniciativa en la búsqueda de grandes ideas y soluciones.

- Son muy buenos motivando y animando a otros a unirse a ellos en sus proyectos.

Puede que nunca desees arriesgar tu capital, como hacen los emprendedores, pero tratar de emular algunas de sus características de éxito puede ayudarte a mejorar.

✓ Ponlo en práctica

PIENSA Y ACTÚA COMO UN EMPRENDEDOR

Siempre que te enfrentes a un problema, un dilema o una decisión y no tengas la seguridad de qué opción elegir, pregúntate: «¿Qué elegiría si fuera mi propia empresa y fuera mi propio dinero el que estuviera en juego?». Tener esta mentalidad de propietario te da una mayor conciencia y puede hacer que te lo pienses dos veces antes de tomar una decisión, mientras que la mayoría de los demás líderes podrían pensarlo demasiado rápido o incluso evitar abordar la cuestión. Con una mentalidad emprendedora, podrías:

- Preguntarte si un empleado con escaso rendimiento debería ser despedido ahora en lugar de mantenerlo y pagarle su salario con la esperanza de que mejore.

- Comprobar si los rendimientos previstos en un plan de gastos de capital son realistas o si tu personal está siendo demasiado optimista en sus cálculos.

- Evaluar si un proveedor a largo plazo se está volviendo complaciente y no está aportando el valor añadido que había prometido, en cuyo caso deberías pedirle a tu equipo que busque alternativas más rentables.

Además de ser más reflexivo, otras dos cualidades emprendedoras que deberías adoptar son:

- Mostrar pasión y entusiasmo por los objetivos, planes y carga de trabajo, y considerar las responsabilidades laborales como algo que has elegido hacer, como si fueras tu propio jefe.

- Entusiasmarte por querer mejorar y optimizar todos los aspectos del trabajo que haces y tu negocio aportando intuición, creatividad e innovación a todo lo que haces.

ANIMA A LAS DEMÁS PERSONAS A PENSAR COMO EMPRENDEDORES

Cuando empieces a actuar de forma más emprendedora, es posible que a tu equipo le guste tu nueva pasión y entusiasmo. Del mismo modo, es posible que se sorprendan de que actúes con más cautela y analices cada decisión, previsión y plan que te presenten. Explícales por qué actúas así y anímales a que también adopten una mentalidad de propietarios a la hora de tomar sus propias decisiones.

69

PIENSA A ESCALA GLOBAL

···

«Ningún líder tiene éxito sin tener en cuenta el resto del mundo».

E l mundo está tan interconectado que prácticamente todos los aspectos de la vida y los negocios son cada vez más globales. Ahora es imposible liderar viviendo y trabajando en una ciudad, condado o región e ignorando el resto del mundo. El escritor del *New York Times* Thomas Friedman introdujo esta idea en su libro, acertadamente titulado, *La Tierra es plana* y hoy en día todas las partes de un negocio parecen tener vínculos con otras partes del mundo:

- Las marcas europeas de ropa de alta costura venden prendas diseñadas en Italia, fabricadas en Bangladesh con tejidos de China, cremalleras de Japón y botones de la India.

- Las empresas estadounidenses tienen sus centros de atención telefónica y sus servicios de apoyo administrativo en lugares tan lejanos como la India, México o Filipinas, donde atienden al personal y reciben llamadas de clientes ubicados en todos los rincones del mundo.

- Uno puede estar sentado en el salón de su casa y comprar casi cualquier cosa desde cualquier lugar gracias a una multitud de sitios web que lo hacen posible.

- Las estanterías de los supermercados de cualquier ciudad están repletas de productos procedentes de un gran número de países.

- Cuando se observan los productos con atención, se descubre lo globales que son. Por poner un ejemplo, los aviones Airbus se ensamblan en Francia, pero sus piezas se fabrican en muchos países, como las alas, que se construyen en Gales, Reino Unido.

Los mejores líderes comprenden lo global que se está volviendo incluso el mercado o el negocio más local y buscan de manera activa aprovechar esta globalización y aprender de ella.

✓ Ponlo en práctica

LIDERAR A NIVEL LOCAL, PENSAR A NIVEL GLOBAL

No todo el mundo quiere convertirse en un líder mundial al frente de una empresa con presencia internacional. Se puede alcanzar el mismo éxito dirigiendo una empresa que se centre en prestar servicio a una zona más reducida y que mantenga excelentes relaciones con sus clientes, proveedores y personal locales. Sin embargo, si es el caso, esta empresa local, con sede en Edimburgo, Detroit o Barcelona, corre el riesgo de perder muchas ideas y oportunidades excelentes si cierras los ojos a lo que ocurre en otros lugares.

Si aún no lo has hecho, adopta una perspectiva más global empezando por estos pequeños pasos:

• Asiste a ferias y exposiciones relacionadas con tu sector industrial, tanto en tu país como en el extranjero, para conocer qué están haciendo tus competidores y cómo están transformando los productos y servicios.

• Considera la posibilidad de adquirir materiales, productos y servicios en nuevos lugares.

• Busca un distribuidor o revendedor en un mercado extranjero para comprobar el atractivo y el valor que pueden tener esos nuevos clientes.

• Comercializa y vende tus productos y servicios en línea en un mercado global.

• Muéstrate abierto a contratar personal con experiencia laboral y vital en otras partes del mundo.

• Lee mucho sobre tu sector y, de forma más general, sobre las tendencias e ideas empresariales globales.

ESTABLECE CONTACTOS A NIVEL MUNDIAL

Participa en redes internacionales de negocios y redes de referencia como BNI (www.bni.com) o, a nivel de habla hispana, contacta con Meetwork (www.meetwork.es) o la Asociación Española de Networkers y Emprendedores (www.netcultura.es). Aprenderás mucho al pasar tiempo con líderes nacionales o de todos los rincones del mundo que te aportarán diferentes puntos de vista, además de proporcionarte una red de nuevos contactos en los negocios que podrían apoyar y ayudar en cualquiera de tus planes de abastecimiento o expansión internacional.

70

HAZ FRENTE A LO INESPERADO

«A veces, los líderes deben retorcerse como serpientes para hacer frente a lo inesperado».

Los planes mejor trazados suelen irse al traste, ¿no es así? Como líder, debes saber lidiar hábilmente con las consecuencias de cualquier cambio inesperado. Por ejemplo, cuando:

- Un miembro clave de tu equipo, que era tu sucesor previsto, dimite de repente, dejándote con una enorme carga de trabajo y el dolor de cabeza de encontrar a una persona que lo sustituya.

- Tu jefa enferma gravemente y debes sustituirla, al tiempo que debes rendir cuentas durante un tiempo a un compañero de gran experiencia, pero al que no conoces en absoluto.

- Tu equipo te informa de que tu mayor cliente se va a llevar su negocio a un proveedor más barato, lo que provocará un gran agujero en tu presupuesto de ventas.

- Tu ordenador portátil se estropea al comienzo de una presentación en una reunión de dirección global y debes continuar sin las diapositivas ni vídeos.

- En el último momento, te piden que rehagas las cifras del presupuesto de tu departamento incorporando una reducción de costes del 10%.

Ante todo tipo de cambios inesperados, muchos líderes entran en pánico, se estresan, comienzan a quejarse y lamentarse. Lo peor de todo es que pueden incluso ignorar lo que ha sucedido y actuar como si nada hubiera cambiado.

Por otro lado, los buenos líderes han aprendido a tener éxito incluso cuando sus planes mejor trazados se malogran. Debes aprender a imitarlos cuando tus propios planes se echan a perder. Estas personas suelen mostrar una combinación de flexibilidad, agilidad, resiliencia y fortaleza mental, y son rápidas para comprender y procesar los cambios en tiempo real y luego ajustar con calma los planes para garantizar el mejor resultado posible.

✓ *Ponlo en práctica*

ADÁPTATE Y SÉ ÁGIL

Los acontecimientos inesperados nunca deben detenerte en seco y hacer que te rindas. Cuando te enfrentes a un obstáculo, un retraso o un acontecimiento inesperado, sigue estas cuatro sugerencias:

1. Obsérvate y controla cualquier reacción emocional, sentimientos de decepción y enfado.

2. Céntrate con una actitud positiva en el problema que tienes entre manos y decide rápidamente si debes realizar cambios inmediatos o si dispones de más tiempo para reaccionar. En cualquier caso, responde de forma óptima al imprevisto, la noticia o el contratiempo.

3. Analiza la información disponible, decide si necesitas reordenar las prioridades de lo que hay que hacer y redacta un plan de acción con plazos claros.

4. Implementa y comunica los cambios necesarios con una actitud positiva, reorientando el tiempo y la atención según sea necesario para garantizar que las cosas vuelvan rápidamente a la normalidad.

INVOLUCRA A TU EQUIPO

• No permitas que tu equipo se atrinchere en lo que está haciendo y se muestre reacio a adaptarse y cambiar según sea necesario.

• Involúcralos tanto en la comprensión de lo que ha sucedido como en la elaboración de una respuesta.

• Las personas no son tan ingenuas. Nunca sientas la tentación de ocultarles las malas noticias o no decirles cómo tendrán que adaptarse.

• Préstales especial atención y cuidado, pues les ayudará a afrontar cualquier cambio inesperado que se produzca.

71

MIRA HACIA EL FUTURO

«El ayer y el hoy son malos indicadores de lo que te deparará el mañana».

Los mejores líderes siempre se toman el tiempo para mirar más allá de lo que está sucediendo hoy y vislumbrar el futuro. Son como grandes maestros del ajedrez que han perfeccionado sus habilidades y su visión para poder prever muchos movimientos posibles por adelantado en sus partidas.

Mirar hacia el futuro ya no es una actividad opcional para ningún líder, sino que se ha convertido en una tarea esencial del liderazgo debido a que el mundo está en constante cambio. El lugar que lideras podría ser muy diferente dentro de unos pocos años debido a los numerosos cambios impulsados por la tecnología que afectan a nuestro mundo, ya de por sí volátil, incierto, complejo y ambiguo. Tu propia supervivencia como líder dependerá de tu visión de futuro y tu perspicacia estratégica, así como de tu capacidad para ajustar tu visión y objetivos según sea necesario. Hay tres áreas clave e interrelacionadas a las que debes prestar especial atención:

1. Asegúrate de que tu empresa y tus productos y servicios sigan siendo relevantes y valorados en los próximos años, desarrollando las ofertas existentes y creando otras nuevas para satisfacer las necesidades cambiantes del mercado.

2. Prepárate para aprovechar las tendencias en tecnología, talento, normativas y formas de trabajar para garantizar que los sistemas, procedimientos y uso de recursos de la empresa para la que trabajas sigan siendo óptimos y sigan las mejores prácticas.

3. Ayúdate a ti mismo y a los miembros de tu equipo a descubrir y comprender qué habilidades, enfoques, formación y experiencias laborales deben actualizarse para que sigáis siendo valiosos y codiciados como líderes y empleados.

✓ Ponlo en práctica

DESCUBRE CÓMO SEGUIR APRENDIENDO

- Lee artículos y estudios en línea que exploren las tendencias futuras y los posibles escenarios que afectarán a diferentes industrias y aspectos de la vida laboral.

- Asiste regularmente a conferencias y debates relacionados con el sector empresarial en el que trabajas o tu área de especialización e intereses laborales.

- Descubre cursos de formación en línea o presenciales que se centren en temas como el futuro del trabajo o el impacto de las tecnologías en el lugar de trabajo. También puedes buscar aquellos dirigidos a tu industria, sector empresarial o función laboral, como un curso sobre el futuro de los servicios financieros u otros relacionados con la fabricación. Hay muchos cursos disponibles en línea gratuitos.

- También puedes explorar la posibilidad de formarte y certificarte de manera oficial.

Dicho esto, nunca creas ciegamente todo lo que oyes o lees, porque nadie puede predecir el futuro con una precisión absoluta o casi absoluta. Simplemente toma en cuenta las ideas y los conocimientos para ayudarte a formar tus propios puntos de vista.

ORGANIZA SESIONES DE LLUVIA DE IDEAS

- Participa en la actualización de la visión, la dirección futura y los planes estratégicos de la organización para la que trabajas.

- Ayuda a tu equipo a reflexionar con carácter periódico sobre las habilidades, los conocimientos y las experiencias que necesitan para seguir siendo relevantes y empleables.

- Anima a quienes trabajan en Recursos Humanos a buscar u organizar cursos de formación sobre habilidades que serán clave para tu equipo en el futuro.

- Mantente al tanto de cualquier cambio en las expectativas y cuestiones relacionadas con el liderazgo.

ELIGE CUIDADOSAMENTE TUS MODELOS

···

«Observa a aquellas personas que te inspiran y te impresionan, y luego emula sus cualidades positivas, pero solo esas. Nadie es perfecto».

Muchos líderes han estado aprendiendo de modelos equivocados, simplemente porque imitan y copian a otros líderes sin analizar lo que hacen. Este patrón de imitación inconsciente comienza en nuestra infancia, cuando copiamos por instinto a nuestros padres. Llevamos este mismo hábito a la edad adulta. Esto se puede observar cuando varias personas se reúnen y una de ellas cruza los brazos o las piernas y las demás hacen lo mismo sin darse cuenta. También es probable que tus primeros compañeros de trabajo y jefes se convirtieran en tus modelos inconscientes porque no tenías a nadie más a quien observar y de quien aprender.

Los buenos líderes dejan de depender de esta imitación inconsciente de aquellas personas para quienes trabajan o a quienes admiran y eligen deliberadamente a sus modelos. Además, una vez que han elegido un modelo, nunca copian todos los aspectos del estilo de ese líder, ya que nadie es perfecto. En cambio, solo emulan los comportamientos y hábitos positivos, evitando las debilidades:

- Un líder muy visionario también puede tener problemas para controlar la ira y una baja tolerancia hacia ciertas personas o comportamientos.

- Un líder puede tener una capacidad extraordinaria para tomar decisiones a la hora de elegir oportunidades de negocio exitosas, pero carecer de las habilidades necesarias para desarrollar y hacer crecer un equipo de alto rendimiento.

- Un líder que siempre supera las expectativas presionando al personal a su cargo para que alcance sus objetivos puede no tener ni idea de cómo escuchar, inspirar y formar a las personas.

✓ *Ponlo en práctica*

··

ELIGE SABIAMENTE TUS MODELOS

Decide qué líderes tienen cualidades que te gustaría emular y de los que te gustaría aprender, y cuáles nunca querrías imitar. Estos últimos se conocen como modelos negativos: puedes aprender importantes lecciones en cuanto a qué no hacer.

Si no tienes la seguridad de quiénes son tus modelos, tómate tu tiempo para descubrirlo leyendo y escuchando a todo tipo de líderes en libros, artículos, podcast, eventos o en persona dentro de tu propia organización. ¿Prefieres aprender, por ejemplo, de líderes exitosos con antecedentes o experiencias similares a los tuyos, como ser hombre o mujer, o de un origen étnico, laboral o educativo en particular?

Cambia de modelos con el tiempo, en consonancia con tu propio crecimiento como líder. Los ideales para ti cuando diriges un pequeño equipo de ventas o de *software* serán muy diferentes de los que necesitarás cuando dirijas toda una empresa.

APROVECHA AL MÁXIMO LO QUE APRENDES DE TUS MODELOS

- Lee sus biografías y otros materiales que hayan escrito.

- Si tu modelo es un compañero de trabajo o un amigo de la familia, has tenido mucha suerte, ya que puedes reunirte con él en persona con facilidad e incluso preguntarle si estaría dispuesto a ser tu mentor o asesor.

- Si tus modelos están lejos o no los conoces en persona, considera la posibilidad de conectar con ellos (por ejemplo, a través de linkedin.com) para hacerles preguntas específicas.

- Lleva un diario con tus notas y reflexiones sobre lo que aprendes de ellos y sobre tus propios intentos de emular algunos de sus mejores hábitos y comportamientos, siempre y cuando evites también los malos.

73

BÁJATE DEL
PEDESTAL

«Nelson Mandela nos dejó una lección clave: perdona siempre a las personas,
incluso cuando parezca imposible hacerlo».

La mayoría de las personas son implacables y se niegan a perdonar a un compañero que les ha hecho algo que les ha molestado. Demasiados líderes actúan de la misma manera y no están dispuestos a pasar página, reconciliarse y seguir adelante. Prefieren aferrarse a sus sentimientos negativos y contarle a todo el mundo lo mal que los han tratado.

El problema de no perdonar es que tú sufres por ello, no la otra persona. Tú eres quien se aferra a los sentimientos negativos y el resentimiento que guardas puede convertirte en un líder excesivamente crítico, amargado y negativo. No es de extrañar que ser lo contrario, esto es, un líder indulgente, pueda ayudarte tanto a liderar como a crear un mejor ambiente de trabajo. En un estudio de 2017 publicado en el *Journal of Management and Organization*, los autores concluyeron que ser un líder indulgente te ayuda a ti y a tu equipo a interactuar y colaborar de forma más óptima. Esto tiene sentido y lo he observado en mi trabajo como *coach* al descubrir que los líderes que son más indulgentes:

• Permiten que las personas asuman más riesgos, cometan errores y expresen su opinión.

• Ayudan a sus compañeros de trabajo a ser más comprensivos y tolerantes.

• Crean un entorno de trabajo más motivador, compasivo y positivo.

Los mejores líderes comprenden todos estos beneficios y siempre se esfuerzan por perdonar a los demás y a sí mismos. No olvidan lo sucedido, pero deciden no seguir cargando con los sentimientos negativos y, en su lugar, toman la decisión consciente de seguir adelante.

✓ Ponlo en práctica

COMPRENDE LO POCO INDULGENTE QUE ESTÁS SIENDO

Reconoce cuándo no estás dispuesto a perdonar a otras personas. Descubre tus patrones, reflexiona sobre ellos y observa cuándo:

- Guardas rencor o te vengas de alguien.
- Te sientes maltratado, ignorado o herido por alguien.
- Descartas a alguien por cometer un error.
- Te enfadas porque alguien hace algo.
- Das una lección a alguien negándote a pasar página después de una discusión.
- Te niegas a aceptar las disculpas y el arrepentimiento de otra persona.
- Ignoras los intentos de alguien por enmendar algo que ha dicho o hecho.

... Y ESFUÉRZATE POR PERDONAR DE VERDAD

- Decide si realmente quieres convertirte en una persona más indulgente. Si tienes un gran ego, puede que te cueste más esfuerzo perdonar y seguir adelante. Cuando te sientas dividido entre mantenerte firme y ser indulgente, habla con un compañero cercano que pueda ayudarte a ver las cosas con claridad y a perdonar.
- Decide si quieres escribir una nota o un correo electrónico para explicar tus percepciones y sentimientos, o reunirte con la otra persona cara a cara en una oficina, en una sala de reuniones o durante el almuerzo.
- Tu perdón no cambiará el pasado ni lo hará desaparecer, pero os permitirá a ti y a tus compañeros avanzar juntos mejor y sin arrastrar ningún lastre.
- Las personas rara vez tienen toda la razón y es posible que tu reto no sea solo perdonar a la otra persona, sino también pedir perdón y disculparte por tu intervención en una discusión, un malentendido o por cómo reaccionaste.

... Y RECUERDA PERDONARTE

Recuerda que quizás también necesites perdonarte a ti mismo y dejar de culparte por las cosas que hayas podido hacer mal en el pasado.

7 4

SÉ FIRME DURANTE LAS TORMENTAS

«Nunca pierdas la compostura y la concentración,
ni siquiera cuando te enfrentes a una tormenta huracanada».

S i aún no te ha sucedido, ten presente que durante tu etapa como líder te enfrentarás a todo tipo de crisis que pueden afectar a tu empresa en todos los sentidos. Tu reacción y tu forma de liderar en estos momentos críticos pueden determinar el éxito o el fracaso de tu carrera como líder. Debes estar preparado para afrontar cualquier crisis de la mejor manera posible, independientemente de cómo se haya producido:

Causada por acontecimientos que escapan a tu control	Provocada por acontecimientos que están bajo tu control
• Una DANA provoca la inundación de los productos electrónicos de la fábrica y se detiene la producción de forma indefinida.	• Se produce un incendio mortal en la planta química causado por residuos de papel de los que tenías conocimiento.
• Las sanciones económicas impuestas a tu principal mercado de exportación provocan una caída del 25 % en las ventas.	• Un nuevo producto explota cuando lo utilizan los clientes, lo que provoca su retirada global.

Tu pesadilla como líder es enfrentarte a una crisis que podrías haber contenido, pero que has dejado crecer o incluso se ha descontrolado por tu mala gestión. Un error aún peor es intentar ocultar o restar importancia a una crisis porque sabes que tu organización es la culpable. Vemos muchos ejemplos en este sentido:

• Una empresa petrolera tarda en revelar que se está produciendo una importante fuga de petróleo en alta mar porque sabe que es culpa suya y su retraso en dar a conocer la verdad provoca un desastre medioambiental aún mayor.

• Un fabricante de aviones se muestra reacio a admitir que uno de sus modelos está volando con un problema técnico potencialmente catastrófico del que tenía conocimiento y el retraso en darlo a conocer empeora la mala publicidad y aumenta el impacto financiero.

Los líderes de éxito practican una buena gestión de las crisis para evitar en la medida de lo posible los impactos negativos ante cualquier problema.

✓ Ponlo en práctica

DOMINA LAS HABILIDADES DE GESTIÓN DE CRISIS

Es fundamental que tus respuestas y acciones durante una crisis no empeoren una situación ya de por sí difícil.

MANTÉN LA CALMA, MUESTRA SINCERIDAD Y APERTURA

Mantén la calma y el equilibrio incluso cuando quienes te rodean puedan entrar en pánico, llorar, actuar con miedo o ansiedad. Cuando necesites calmarte, siéntate, cierra los ojos y respira lenta y profundamente. Haz una pausa antes de decir o hacer algo para asegurarte de que tu mensaje o acción sea útil y no tan solo una reacción instintiva al problema o una actitud defensiva para ocultar algo.

EVALÚA Y ACTÚA CON DECISIÓN

Crea un equipo de gestión de crisis compuesto por compañeros con diferentes habilidades y experiencias que, en conjunto, forméis un grupo sólido para ayudar a resolver el problema. Trabajad juntos para evaluar lo que está sucediendo y comprender las razones del problema. Decidid qué medidas urgentes a corto plazo deben tomarse ahora, como redactar un comunicado de prensa inicial, informar a los accionistas de la empresa o proporcionar asistencia de emergencia a las personas afectadas.

Trata la crisis con la misma seriedad que le darías a un proyecto de trabajo importante: planifica en detalle, acuerda qué partes interesadas deben participar e identifica las medidas, los recursos, los plazos y las comunicaciones necesarios.

MANTÉN INFORMADAS A LAS PARTES INTERESADAS

Habrá diferentes personas involucradas, cada una con su propia percepción de la crisis y sus expectativas sobre cómo se puede resolver. Comunícate regularmente con todas las partes, mantenlas informadas y nunca les mientas, ocultes información o guardes silencio. Comparte con tu equipo y colegas tus planes y compromisos, incluida tu visión de cómo liderarás al equipo o la organización durante la crisis y después de ella.

75

VALORA
LA DIVERSIDAD
Y LA INCLUSIÓN

«Discriminamos a ciertas personas sin siquiera darnos cuenta».

En el mundo laboral actual, estamos muy bien informados, formados y respaldados para no discriminar nunca a propósito, mostrar ningún sesgo ni tratar a nadie de forma diferente por ser quien es. Se nos anima a crear equipos con equilibrio de género, a dar a todas las personas las mismas oportunidades y a contratar y promocionar a personas procedentes de entornos desfavorecidos y poco representados.

Puede que sientas orgullo de ser siempre consciente de las cuestiones relacionadas con la diversidad, pero la mayoría de tus decisiones y elecciones las toma en realidad tu mente inconsciente.

Esto no sería un problema si nuestro inconsciente siempre tomara buenas decisiones por nosotros. Pero, lamentablemente, la mayoría de las veces el cerebro realiza evaluaciones y juicios sesgados en fracciones de segundo. Debido a este pensamiento sesgado, todos mostramos lo que se denomina «sesgo inconsciente»:

- Favorecemos a los candidatos a un puesto de trabajo que tienen una formación académica y una experiencia laboral similares a la nuestra.

- Durante las reuniones, a menudo se ignora a las mujeres, se las interrumpe y sus comentarios no se valoran tanto como los de los hombres.

- Cuando una mujer actúa como un hombre, se la puede acusar de ser demasiado agresiva, mientras que cuando un hombre actúa de la misma manera se suele considerar que tiene un excelente estilo de liderazgo.

- Nos influye el nombre de una persona y nos atraen aquellos con los que estamos más familiarizados. Por eso algunas empresas eliminan los nombres de los candidatos de sus currículos antes de compartirlos con las personas que los entrevistan.

Para desempeñarte con más éxito como líder, es hora de que dejes de tomar decisiones inconscientes, que pueden ser contraproducentes y, a menudo, totalmente inaceptables.

✓ *Ponlo en práctica*

TÚ TAMBIÉN ERES PARCIAL

Empieza por comprender y reconocer cuándo puedes ser culpable de determinados prejuicios inconscientes:

- Realiza el Test de Asociación Implícita de la Universidad de Harvard. Es gratuito y está disponible en línea (en inglés) en https://implicit.harvard.edu/implicit/iatdetails.html. Te mostrará cuáles de tus percepciones y acciones individuales están determinadas por tus prejuicios inconscientes.

- Obsérvate a ti mismo y toma nota de cuándo podrías estar sacando conclusiones o haciendo suposiciones antes de tiempo sobre las diferentes personas con las que interactúas.

ÁBRETE Y ANALIZA DE MANERA CONSCIENTE TU FORMA DE PENSAR

- Cuando te encuentres en situaciones en las que tus prejuicios puedan tomar las riendas, detente y hazte preguntas sinceras, como «¿Realmente prefiero a esta candidata por su experiencia laboral o solo porque también estudió en la misma universidad que yo?».

- Cuando conozcas a alguien por primera vez, pregúntate cuáles son tus primeras impresiones y reflexiona sobre cuáles de tus prejuicios podrían haber influido en esa respuesta. Decide si se trata de una conclusión justa. ¿Necesitas tener una mentalidad más abierta?

- Intenta siempre ampliar el enfoque que adoptes, por ejemplo, asegurándote de que no se interrumpe o ignora a las mujeres que asisten a las mismas reuniones que tú.

- Anima a tus compañeros a que también comprendan qué es el sesgo inconsciente y por qué es tan perjudicial permitir que forme parte de nuestras decisiones.

- Lee sobre los diferentes tipos de prejuicios de los que puedes pecar.

76

LIDERA CON TU
LENGUAJE CORPORAL

«Mantén la cabeza alta, sonríe y demuestra que puedes liderar».

Tu comunicación no verbal es al menos tan importante como la verbal. Por lo tanto, no importa lo brillante que sea tu elección de palabras: si tu lenguaje corporal transmite un mensaje diferente, no te sorprendas si el mensaje se pierde:

- Un discurso inspirador para una reunión caerá en saco roto si bajas los hombros, llevas ropa que no te queda bien, miras al suelo, pareces triste o hablas de forma monótona.

- Una presentación interactiva bien diseñada para impresionar a un nuevo cliente potencial no servirá de nada si el apretón de manos que le das es débil, llevas los cordones desatados, murmuras al hablar, mantienes los brazos cruzados y actúas con nerviosismo.

Las habilidades de comunicación integral no son solo deseables, sino esenciales. Como líder, eres un embajador: la forma en que las personas te ven y te escuchan tiene un impacto enorme en el éxito de tu organización, así como en tu propia carrera de liderazgo. Los líderes de éxito son conscientes del impacto de los cuatro aspectos de su comunicación:

1. Verbal: las palabras que eligen decir.

2. Paraverbal: cómo dicen lo que dicen (tono, volumen, entonación).

3. No verbal: expresiones faciales, contacto visual y postura corporal.

4. Apariencia: ropa, maquillaje y olor corporal.

✓ Ponlo en práctica

HAZ QUE TU COMUNICACIÓN VAYA A TU FAVOR, NO EN TU CONTRA

Trabaja en las cuatro áreas de la comunicación e invierte el tiempo y el esfuerzo necesarios para fortalecer o superar aquellos elementos de tu forma de comunicarte que te ayudan a destacar o te frenan:

Verbal

Cuando te prepares para una charla o un discurso importante, elige las palabras con antelación y compártelas con alguien que sea un experto en el uso del lenguaje y esté dispuesto a mejorar el borrador. Sé igual de minucioso antes de cualquier reunión, para la que deberás pensar con detenimiento cómo elaborarás tus argumentos y plantearás los puntos necesarios.

Paraverbal

Esfuérzate constantemente por asegurarte de que lo que quieres decir nunca se vea debilitado o eclipsado por distracciones verbales, como el uso excesivo de muletillas, pausas demasiado largas, suspiros, tartamudeos o risitas inapropiadas.

No verbal

Pide a alguien que te grabe mientras das una charla y luego sé honesto. ¿Tu comunicación no verbal te favorece o te perjudica? Practica cómo superar errores típicos, como expresiones faciales y gestos extraños o inusuales, no mantener una postura erguida y relajada, parecer triste o no mirar a las personas con las que estás hablando.

Apariencia

Cuida el aspecto, lleva el pelo arreglado y el calzado limpio. Lleva ropa con la que te sientas cómodo y que te haga parecer muy profesional. Tu elección está determinada en parte por tu entorno de trabajo. Cuando no estés seguro de qué ponerte por la mañana, recuerda el dicho «Donde fueres, haz lo que vieres». Vístete como aquellos con los que vas a interactuar y trabajar.

77

DEJA LA PUERTA ABIERTA

....

«Los grandes líderes nunca se esconden en su despacho».

Para sacar lo mejor de un equipo, un líder debe estar dispuesto a escuchar todo lo que sus miembros deseen comunicarle. Pero hay que tener cuidado, porque no se trata simplemente de dejar la puerta del despacho abierta. Una vez asesoré a una líder que afirmaba ser muy accesible. Dejaba la puerta de su despacho literalmente abierta de par en par, pero las personas a su cargo me dijeron que odiaban hablar con ella. Me explicaron que cada vez que se acercaban con ideas, problemas o sugerencias, ella actuaba como si no tuviera tiempo, los hacía sentir incómodos o ridiculizaba y criticaba sus ideas, en lugar de decir algo positivo.

Los líderes que son accesibles de verdad hacen que las demás personas se sientan cómodas, escuchan con paciencia, reflexionan y responden con calma y sin juzgar. Se trata de una auténtica política de puertas abiertas que contribuye a crear un entorno de trabajo muy saludable y positivo:

- Al sentirse escuchados, los empleados se sentirán más valorados y motivados, y estarán dispuestos a esforzarse más en su trabajo.

- Se crea una cultura de trabajo más abierta, de confianza y transparencia, en la que las personas se sentirán menos inclinadas a permanecer en silencio y a evitar compartir información entre ellas o con el jefe.

- Habrá menos miedo y más ganas de abordar los problemas y las cuestiones antes de que se conviertan en un problema mayor.

✓ Ponlo en práctica

MANTÉN UNA POLÍTICA DE PUERTAS ABIERTAS (CON CIERTOS LÍMITES)

Procura estar siempre dispuesto y disponible para hablar con los miembros de tu equipo, pero hazles entender que esto no significa que estés literalmente a su disposición cada vez que alguien pida hablar contigo. Es posible que no puedas porque estés terminando un informe urgente, reflexionando sobre un problema o en una conversación con un cliente. En esta situación, sé educado y explícale que estás deseando hablar con esa persona lo antes posible y acuerda una hora en la que ambos estéis disponibles para sentaros a hablar. Asegúrate de reservar ese tiempo en tu agenda para así evitar solapamientos.

TEN PRESENTES LAS PREOCUPACIONES E INQUIETUDES DE TU EQUIPO

Muestra consideración y amabilidad cuando alguien de tu equipo plantee un problema que podrías querer descartar por considerarlo trivial, insignificante o exagerado. No compartas este pensamiento inicial y escucha a tu personal para demostrarle que lo valoras. No tienes por qué estar de acuerdo con ellos, pero al menos escúchalos. Si no lo haces, es probable que dejen de expresarse y compartir sus opiniones contigo en el futuro.

NO CULPES AL MENSAJERO

Cuando un miembro del equipo se acerque a ti con malas noticias, procura no reaccionar de forma exagerada mostrando tu enfado o tu malestar. Agradécele que te haya contado algo que otros miembros podrían haber mantenido en secreto. Agradécele de buenas maneras haber tenido el valor y el sentido común de plantear el problema, animándole a que siempre dé su opinión.

NO ESPERES A QUE VENGAN A TI

Para demostrar que de verdad eres accesible, no esperes a que tu equipo se acerque a ti. En lugar de eso, sé proactivo y ve a buscarlos paseándote regularmente por la oficina o la planta de producción, deteniéndote para hablar y preguntándoles cómo van las cosas. Invítalos a que hablen contigo cuando quieran.

7 8

DESARROLLA TU INTELIGENCIA CULTURAL

···

«Cuando trabajas lejos de casa, eres tú,
y no las demás personas, quien está fuera de lugar».

En el mundo interconectado de hoy en día, hay muchas personas que trabajan fuera de su propio país. Es muy probable que te encuentres interactuando con personas de muchas culturas diferentes y dirigiéndolas, y la posibilidad de ser malinterpretado, ofender o crear confusión es bastante alta. Ignorar las diferencias culturales o burlarse de ellas podría dañar fácilmente el entorno en el que trabajas, tu reputación y tu carrera.

- El presidente Obama cometió una vez un error cultural al saludar a la líder birmana Aung San Suu Kyi con un beso en la mejilla. Es un gran tabú en Birmania. Si hubieras hecho lo mismo, podrías haber perdido un importante acuerdo comercial.

- Los negocios de tu empresa podrían haberse visto interrumpidos abruptamente en México si hubieras hecho como Jeremy Clarkson, quien en una ocasión hizo unos comentarios tan ofensivos sobre los mexicanos que el embajador del país centroamericano en Londres se quejó a la BBC por los «insultos escandalosos, vulgares e inexcusables».

Los mejores líderes han aprendido a ser sensibles a las diferencias culturales y a apreciar las grandes diferencias que, en este sentido, existen en la forma en que las personas:

- Se saludan, se acercan y se tocan.
- Expresan que están de acuerdo o que entienden algo.
- Hablan, se quejan, celebran y comparten, o permanecen en silencio.
- Interactúan, trabajan y socializan.
- Tratan a las mujeres y a los hombres.
- Se cuestionan y se desafían mutuamente.
- Tratan el tiempo y los plazos.
- Hacen acuerdos y promesas.

✓ Ponlo en práctica

....

APRENDE SOBRE LA CULTURA DE TUS COLEGAS

- Cuando tengas un nuevo compañero de trabajo, cliente o proveedor de otra parte del mundo, investiga un poco sobre las costumbres, las normas no escritas y las prácticas de los hombres y mujeres de ese país o zona.

- Busca consejos en internet sobre lo que se debe y no se debe hacer, utilizando una aplicación para el teléfono o leyendo libros sobre cultura de expertos como Geert Hofstede, Richard D. Lewis y Erin Meyer.

SI TIENES DUDAS, PREGUNTA Y PIDE SIEMPRE DISCULPAS

- Pide a tus compañeros de trabajo o de viaje que compartan contigo información sobre sus propias normas culturales, expectativas y tabúes.

- Invítalos a compartir sus propias observaciones sobre tu cultura, haciendo énfasis en lo que les parece similar o diferente a la tuya.

- Pídeles que te señalen cuando estés a punto de hacer algo culturalmente inapropiado que pueda molestar o avergonzar a alguien.

- Sin embargo, ten en cuenta que en muchas culturas las personas están acostumbradas a ser muy educadas y nunca te dirán que las has ofendido. Es posible que tengas que averiguarlo por tu cuenta, hablando con tantas personas como sea posible.

- Pide siempre disculpas, de una manera culturalmente apropiada, cuando hayas causado alguna ofensa.

7 9

EL CLIENTE SIEMPRE ES LO PRIMERO

«Nunca olvides quien, en última instancia,
paga los salarios de todo tu equipo».

Todo lo que haces como líder está relacionado con satisfacer las necesidades de tus clientes. El impacto puede ser directo si diriges un equipo de ventas, o bien indirecto si tú y tu equipo prestáis apoyo a colegas que son vuestros clientes internos. Solo satisfaciendo todas sus necesidades podrás tener la seguridad de mantener el éxito de tu empresa y el tuyo propio. No importa si eres el director general o un nuevo gerente; en cualquiera de los casos, debes asegurarte de que tú y tu equipo siempre rindáis bien para que tus clientes, tanto internos como externos, reciban continuamente lo que esperan y por lo que pagan.

- Eres el jefe de un equipo financiero y debes asegurarte de que tu equipo no reembolse gastos incorrectamente ni pague los salarios con retraso ni cree facturas con errores. De lo contrario, acabarás molestando a tus clientes internos y externos.

- Como responsable de los servicios informáticos, debes asegurarte de que se satisfagan todas las necesidades tecnológicas de tus compañeros y de que los sistemas informáticos clave nunca estén fuera de servicio. En caso contrario, es posible que tu empresa no pueda atender a los clientes.

- Diriges un equipo de compras y el precio, la calidad y el momento de las compras de tu equipo afectan al trabajo de tus compañeros de producción y ventas, lo que, en última instancia, repercute en los productos para los clientes externos.

Quienes lideran con éxito lo entienden bien y harán lo imposible para garantizar que se satisfagan (o se superen) las necesidades y deseos de los clientes externos, de modo que su organización siga siendo su valioso socio y proveedor.

✓ *Ponlo en práctica*

· ·

TRATA DE CONOCER BIEN A TUS CLIENTES

- Esfuérzate siempre por dedicar tiempo a tus clientes internos para comprender plenamente sus necesidades y expectativas. Valora la importancia y el impacto de tu ayuda y apoyo, y sé consciente del impacto que tiene el hecho de que tu equipo sea lento o cometa errores.

- Aplica innovación y creatividad para descubrir formas en las que puedes añadir valor adicional a lo que tus clientes internos necesitan crear y producir.

- Si tus clientes internos atienden a su vez a otros clientes internos, analiza con detalle cada parte de esta cadena de valor interna dedicando también tiempo a los departamentos o secciones a los que atienden tus clientes internos.

- Estudia a tus clientes externos y cómo utilizan los productos y servicios de la empresa. Independientemente de si trabajas en finanzas, recursos humanos, marketing, producción o auditoría interna, intenta visitar al menos a un cliente clave al año y anima a los miembros de tu equipo a hacer lo mismo. Pide a un comercial que te acompañe en una de esas visitas.

80

ELIGE TUS PALABRAS CON CUIDADO

···

«¿Por qué lloras? Solo intento explicarte cómo puedes hacerlo mejor la próxima vez».

Es muy fácil equivocarse al hablar con quienes trabajan con nosotros. Puede que empieces con la mejor de las intenciones, pero luego tu elección de las palabras y tu forma de expresarte se malinterpretan y acabas desmotivando, molestando o incluso enfadando a alguien:

- Quieres ayudar a una compañera a comprender mejor un problema al que se enfrenta y te acusan de entrometerte y de parecer condescendiente.

- Te apasiona una nueva solución empresarial que tu empresa podría ofrecer, pero tus compañeros se quejan de que te estás obsesionando y de mostrar un entusiasmo excesivo acerca de la idea.

- En una reunión, le preguntas a un compañero sobre una idea suya con la intención de ayudarle a perfeccionarla, pero él siente que no confías en él ni valora tu contribución.

- Ofreces una crítica razonada sobre la actualización del proyecto de un miembro del equipo y, después, esa persona se queja alegando que parecías molesto y extremadamente crítico.

- Le haces una serie de preguntas a un compañero sobre por qué se ha retrasado en una fecha límite importante y él se siente interrogado.

- Haces comentarios muy breves al revisar el trabajo de un miembro del equipo y ella se enfada, alegando que no te interesa lo que hace.

- Le sugieres a tu equipo varias formas de evitar un gran error que ya se ha cometido en el pasado y, en lugar de escuchar tus consejos, sienten que los estás tratando con condescendencia, como si fueran niños.

Muchas personas son muy sensibles y tienden a sacar conclusiones precipitadas y a suponer que tienes las peores intenciones. Asegúrate de que lo que quieres decir se corresponda con lo que la otra parte realmente oye, siente y percibe.

✓ Ponlo en práctica

TEN MUY PRESENTE TU INTENCIÓN Y ACTÚA EN CONSECUENCIA

Antes de hablar con tus compañeros, piensa en lo que pretendes y en el impacto de lo que quieres decir. A continuación, planifica cómo vas a comunicar el mensaje para que se entienda claramente y la otra parte no lo malinterprete. Así, la próxima vez que tengas pensado:

- **Señalar un error o una equivocación:** evita sonar demasiado duro, crítico y personal al dirigirte a quienes puedan haber cometido el error.

- **Describir o aclarar algo:** ten cuidado de no hablar demasiado tiempo y evita correr el riesgo de aburrir a todo el mundo o de ser tan escueto que nadie te entienda.

- **Explorar y comprender mejor algo:** sé prudente en cuanto a la cantidad y el tipo de preguntas que haces a alguien para evitar parecer un inquisidor que no confía en lo que le están contando.

- **Dar a alguien tu opinión o comentarios sobre su trabajo:** si solo dices unas pocas palabras, pueden pensar que no te interesa o que no los respetas.

- **Compartir opiniones y puntos de vista:** si lo haces con demasiada fuerza o énfasis, pueden pensar que estás atacando personalmente a un compañero, y no solo cuestionando su opinión.

CONFIRMA QUÉ ESTÁ INTERPRETANDO Y SINTIENDO LA OTRA PARTE

Obsérvate mientras hablas y haz una pausa tan pronto como te des cuenta de que tus palabras pueden estar resultando demasiado duras. Pregunta a la otra persona cómo se siente y discúlpate cuando creas que tu forma de hablar pueda estar sobrepasando ciertos límites sin querer y causando malestar. Podrías decir algo así:

- «No es mi intención ser crítico o duro, así que espero que no te estés empezando a sentir mal».

- «Sé que te he estado haciendo muchas preguntas y espero que no sientas que te estoy interrogando o presionando demasiado. Te pido disculpas si te he dado esa impresión».

MOTIVA PARA
RETENER AL TALENTO

«Una petición o acción mal planteada puede desmotivar a todo un equipo».

Se necesita una gran habilidad para ser un líder capaz de crear y mantener un entorno de trabajo en el que el personal acuda cada mañana motivado y con una mentalidad positiva. Mantener la motivación de un equipo requiere esfuerzo, ya que cualquiera de nosotros puede sentirse molesto y desmotivado por múltiples razones:

- Si perdemos un ascenso que creemos que merecemos.
- Si nos ignora nuestro jefe y muestra favoritismo hacia otros compañeros.
- Si no recibimos un aumento salarial a pesar de que se nos había prometido.
- Si no recibimos reconocimiento por completar un proyecto a tiempo.
- Si trabajamos durante un fin de semana sin ninguna compensación.
- Si trabajamos bajo las órdenes de un jefe de actitud negativa y fría.
- Si descubrimos que el trabajo está siendo repetitivo y monótono.

El impacto de tener miembros del equipo desmotivados puede ser costoso tanto para ti como para tu negocio:

- Puede que vayan a trabajar, pero sin el interés ni la energía necesarios para contribuir en condiciones. Tomarán menos iniciativas, dejarán de expresarse tanto, colaborarán menos e incluso podrían comportarse de forma negativa. Estos comportamientos son tóxicos y contagiosos, y convierten rápidamente un entorno de trabajo positivo y productivo en uno contraproducente.
- Es posible que renuncien y, en ese caso, deberás lidiar tanto con la pérdida de sus conocimientos y experiencia como con la necesidad de dedicar tiempo a buscar, formar y poner al día a sustitutos.
- Tu reputación podría verse afectada si tu personal, desmotivado, te da puntuaciones bajas en cualquier encuesta de compromiso de los empleados o de cara a tu evaluación anual. Además, en sus entrevistas de salida, el personal que renuncia puede hablar mal de ti y su marcha empeorará tus estadísticas de retención de talento.

✓ *Ponlo en práctica*

AYUDA A TU PERSONAL A SATISFACER SUS NECESIDADES BÁSICAS

Todo el mundo tiene siete necesidades básicas que, si se satisfacen, pueden hacernos sentir muy motivados y comprometidos. Tu tarea como líder es asegurarte de que lo que dices y haces siempre ayude a tu equipo a satisfacer estas necesidades:

1. **Necesidad de ser valorados.** Reconoce siempre a tus empleados y agradéceles su trabajo y su contribución.

2. **Necesidad de variar.** Es poco probable que tu personal desee realizar el mismo trabajo monótono todos los días, ya que se aburrirá con facilidad. Siempre que sea posible, ofréceles variedad, por ejemplo, asignándoles tareas puntuales, responsabilidades en proyectos, oportunidades de viajar o intercambiar sus funciones con otros miembros.

3. **Necesidad de crecer.** Invierte tiempo en ayudar a tu personal a crecer en términos de responsabilidades, experiencia, habilidades, etc.

4. **Necesidad de conectar con las demás personas.** Crea un entorno de trabajo colaborativo en el que se anime al personal a interactuar, ayudarse y apoyarse mutuamente. Fomenta las actividades sociales, como son las cenas de equipo, salidas familiares y eventos deportivos.

5. **Necesidad de contribuir.** Ayuda a tu equipo a comprender cómo su trabajo encaja en el propósito, la visión y los objetivos de la empresa.

6. **Necesidad de certeza.** El personal a tu cargo necesita saber qué está pasando y qué tiene que hacer, por lo que no le gustarán las sorpresas. Comunica siempre los planes y comparte abiertamente la información sobre cualquier cambio que se avecine.

7. **Necesidad de dejar un legado.** Ayuda a cada miembro del equipo a encontrarle sentido a su trabajo y a sentir orgullo de lo que logra y crea.

82

LLÉVATE BIEN CON LOS NÚMEROS

«Todas las cuestiones relacionadas con el liderazgo implican cifras de una forma u otra».

Presta atención si tus conocimientos financieros son muy básicos y quieres tener una carrera larga y exitosa en cuestiones de liderazgo. Son dos aspectos excluyentes, ya que todas las funciones de liderazgo implican dinero de una forma u otra. Por lo tanto, muchas de tus responsabilidades de liderazgo estarán relacionadas con las finanzas:

- Centros de costes que gestionar, lo que implica ser responsable de una serie de gastos.
- Presupuestos financieros para crear y comparar ingresos, gastos y desembolsos de capital de tu departamento o empresa.
- Creación y ejecución de planes empresariales y estratégicos.
- Acordar precios y otras condiciones financieras con clientes.
- Inversiones financieras relacionadas con propiedades, capital circulante y desarrollo de nuevos productos.
- Cuentas financieras que deben ser auditadas, por lo que es posible que tengas que revisar, aprobar o firmar.
- Contratación de nuevo personal y acuerdo sobre su remuneración.
- Contratación de nuevos proveedores y negociación de las condiciones de los contratos.

Corres el riesgo de tomar decisiones desacertadas y cometer errores si no comprendes el impacto financiero y las consecuencias de tus acciones. Los líderes de éxito lo saben y adquieren los conocimientos financieros suficientes para tener éxito en sus funciones y evitar determinados errores:

- Ser objeto de estafa financiera al cobrar de más por el trabajo realizado o que tu personal haga trampas con los gastos.
- Acordar precios mal calculados con clientes o proveedores, lo que puede provocar pérdidas financieras para la empresa.
- Aprobar presupuestos, previsiones y planes en los que falten elementos clave.

✓ Ponlo en práctica

ADQUIERE CONOCIMIENTOS FINANCIEROS

Es hora de que aprendas los conceptos básicos de finanzas y contabilidad. Por suerte, esto se puede conseguir fácilmente:

- Realizando uno de los muchos cursos *online* gratuitos sobre conceptos básicos de finanzas.
- Leyendo libros centrados en la enseñanza de finanzas a directivos no financieros.
- Asistiendo a un curso breve de finanzas en una escuela de negocios u organizado por un organismo de certificación contable.
- Pidiendo a los compañeros que sepan de finanzas y contabilidad que te enseñen y orienten, e instándolos a que te ayuden a comprender los diferentes informes y estados financieros de tu empresa.

Como mínimo, trata de saber al menos sobre:

- Estados de pérdidas y ganancias, balances y estados de flujo de caja.
- Ratios clave de rentabilidad y capital empleado.
- Cálculos de costes, precios y márgenes de los productos.
- Elaboración de presupuestos y previsiones, incluyendo cómo comparar los ingresos, gastos generales y gastos de capital reales con los previstos.
- Financiación bancaria y otras fuentes de financiación y deuda.

SI YA TIENES EXPERIENCIA, MIRA MÁS ALLÁ DE LAS CIFRAS

Quizás hayas estudiado finanzas y negocios en la universidad, te hayas titulado como analista financiero o contable mientras trabajabas o hayas aprendido sobre finanzas y dinero por tu cuenta. En cualquiera de los casos, no caigas en la trampa de la complacencia, ya sea apartando la vista de las cifras o haciendo lo contrario y centrándote solo en ellas, ignorando el impacto humano de las decisiones financieras que debes tomar.

Por lo tanto, dedica tiempo y ofrécete a compartir tus conocimientos enseñando a los compañeros que lo necesiten los fundamentos de las finanzas.

83

APROVECHA LA TECNOLOGÍA

«No seas un ludita ni temas a la tecnología».

Las nuevas tecnologías, el impulso que les ha dado internet y la informática de alta velocidad están afectando a todos los aspectos de tu trabajo y tu vida como líder, y son muy difíciles de ignorar:

- Gracias a los teléfonos inteligentes, con aplicaciones como WhatsApp y FaceTime, todo el mundo está localizable en todo momento y sin coste alguno.

- Con el análisis de datos en tiempo real, podemos saber y comprender todo lo que ocurre en nuestra empresa tan pronto como sucede.

- Gracias a las redes sociales y al análisis del comportamiento de los usuarios, podemos comprender las preferencias, los gustos y las necesidades de todos nuestros consumidores actuales y potenciales.

- El almacenamiento en línea de datos empresariales, incluidos los correos electrónicos y las transacciones (entre el personal, los proveedores y los clientes), crea un entorno en el que todo queda expuesto y puede ser rastreado y supervisado.

- Los procesos automatizados en constante evolución, como el *software* avanzado, la robótica y la inteligencia artificial, están cambiando el lugar de trabajo, desde las oficinas y los almacenes hasta las fábricas y los puntos de venta.

Fracasarás como líder si no estás al día de los cambios tecnológicos, ya sea por no informarte sobre ellos o por no querer probar cosas nuevas y experimentar:

- Tus competidores serán más expertos en tecnología y superarán a tu empresa.

- Tu modelo de negocio acabará siendo lento y anticuado.

- Otros proveedores ofrecerán un mejor servicio a tus consumidores.

- El personal a tu cargo sentirá que su lugar de trabajo se está quedando atrás.

- Perderás oportunidades profesionales, ya que tus compañeros empezarán a verte como un dinosaurio. No tienes otra opción: acoge con mente abierta y positiva las tecnologías en constante evolución.

✔ Ponlo en práctica

ACEPTA LO MÁS INNOVADOR

Ten la intención de que tu organización, tu equipo y tú mismo os beneficiéis y ganéis en el mundo actual, marcado por una serie de tecnologías en rápida evolución.

- Infórmate constantemente sobre las innovaciones tecnológicas, soluciones, servicios y productos que puedan afectar de una manera u otra a tu organización.

- Lee artículos en línea, habla con compañeros que dominen la tecnología y asiste a conferencias y ferias de interés. Si conoces otras empresas que ya hayan dado el paso y adoptado una tecnología concreta, visítalas.

- Ofrécete voluntario para ser la primera persona en explorar y experimentar con nuevas ideas, por ejemplo, cuando tu empresa busque un jefe de departamento o un líder de equipo para probar una nueva aplicación de gestión de relaciones con los clientes para teléfonos inteligentes o para probar una versión mejorada de una herramienta en línea de gestión del rendimiento.

AYUDA A TU PERSONAL A AFRONTAR LOS CAMBIOS TECNOLÓGICOS DE FORMA POSITIVA

Sé un líder con una visión optimista sobre los cambios y las perturbaciones que traen consigo las nuevas tecnologías y anima a tu equipo a interesarse por ellas y por su impacto. Ayúdales a comprender que deben estar preparados para aprender y adaptarse, y a ver cualquier cambio como una oportunidad profesional.

SERÁ NECESARIO TOMAR DECISIONES DIFÍCILES

Prepárate para tomar decisiones y medidas difíciles, como despedir personal como consecuencia de los cambios tecnológicos en la forma de trabajar. Avisa a estos empleados con la mayor antelación posible, ofréceles oportunidades de reciclaje profesional y ayúdales en la búsqueda de empleo. Si los fondos lo permiten, podrías contratar los servicios de una empresa de orientación profesional o de recolocación.

También debes hacer un esfuerzo adicional para motivar y comprometer a los miembros restantes del equipo, que se verán afectados por la salida de sus compañeros. Es posible que se pregunten si en un futuro les tocará a ellos, cuando sus puestos de trabajo se automaticen y desaparezcan.

NEGOCIA TU CAMINO HACIA EL ÉXITO

«Prepárate para negociar con todas las personas con las que te encuentres».

Un líder exitoso es un negociador hábil que debe utilizar constantemente sus habilidades de negociación para buscar el acuerdo con muchas personas diferentes por todo tipo de razones:

- Cuando el personal se enfrenta a cambios en sus condiciones laborales y otras modificaciones.
- Cuando los clientes debaten sobre desacuerdos en los precios o cuestiones relacionadas con la calidad de los productos.
- Cuando los proveedores se quejan sobre las fechas de entrega.
- Cuando un equipo trata de acordar cómo se va a implementar un nuevo proceso.

Las ventajas de ser un buen negociador, capaz de llegar a acuerdos y alinearse con otras personas, son sustanciales. Entre ellas se incluyen:

- Evitar conflictos tensos y discusiones que podrían provocar desavenencias con un cliente, la Administración, un proveedor, un accionista o un empleado.
- Reducir la pérdida de tiempo y energía que se dedica a esperar, a malentendidos y discusiones.
- Ser capaz de implementar planes, ideas y objetivos.
- Crear mayores niveles de sinergia, confianza y compromiso, lo que con el tiempo puede mejorar la satisfacción del cliente, el nivel de retención y el compromiso de los empleados y el rendimiento empresarial.

Dadas estas ventajas, no es de extrañar que la formación en habilidades de negociación sea a menudo obligatoria en el caso de los líderes. En mi trabajo como *coach* y mentor, ayudar a los líderes a perfeccionar sus habilidades de negociación es un requerimiento habitual.

✔ Ponlo en práctica

PRACTICA ESTAS HABILIDADES CLAVE DE NEGOCIACIÓN

- **Conoce tu propia posición**
Antes de comunicarte con la otra parte, identifica lo que deseas lograr, cuáles serían unos resultados aceptables para ti y qué flexibilidad podrías mostrar. Ten a mano información relevante que te ayude a explicar tus argumentos, sugerencias y puntos de vista, y también a comprender la posición de la otra parte.

- **Reconoce las diferencias**
A veces, es posible que la otra persona no tenga claro que hay un problema que debe resolverse. Puede ser muy útil exponerlo con claridad, explicando cómo comprendes tú el problema en cuestión.

- **Escucha a la otra parte**
Antes de empezar a proponer soluciones, pide a la otra parte que comparta lo que entiende, observa y espera conseguir. Escúchala activamente, agradécele su franqueza y reconoce en qué puntos estáis de acuerdo.

- **Mantén conversaciones y comunicaciones de manera positiva**
Acuerda con la otra parte cómo trataréis de resolver el problema. Intenta que sea de la manera más personal posible, hablando cara a cara en lugar de recurrir a correos electrónicos o burofaxes. Esfuérzate por crear una buena relación y confianza siendo lo más honesto y abierto posible.

- **Muéstrate dispuesto a abandonar**
Si no puedes llegar a un acuerdo aceptable (o lo que se conoce como «acuerdo negociado»), decide si dejas de intentar negociar y retirarte. Si es tu decisión y eres capaz de retirarte, determina cuál es el siguiente mejor resultado. A veces esta segunda opción se conoce como «la mejor alternativa a un acuerdo negociado» (BATNA, por sus siglas en inglés). Por ejemplo, si estás tratando de contratar a alguien para tu equipo y no lo consigues, tu BATNA podría ser ascender a un colega o destinar a otra persona candidata de una empresa asociada.

85

DIMITE POR PRINCIPIOS

«Es mejor fracasar por lo que crees, que tener éxito en cosas en las que no crees».

Nunca cometas el error, tan común, de permanecer en un puesto de liderazgo cuando te ves en la tesitura una y otra vez de actuar en contra de tus creencias, tu ética o tu integridad.

Es posible que no sepas lo que consideras más importante hasta el día en que te encuentres en una situación en la que te sientas incómodo y sepas que algo no está bien. Esto puede ocurrir en distintas circunstancias:

- Si engañas a los clientes quitándoles importancia a los riesgos para la salud de los productos que fabrica tu empresa.

- Si prometes repetidamente aumentos salariales al personal y mejores condiciones laborales cuando sabes que esto no va a suceder.

- Si encubres casos de acoso sexual o discriminación racial que se producen dentro de la empresa.

Cuando se enfrentan a este tipo de problemas, son demasiados los líderes que guardan silencio y dicen cosas como estas:

- «Si digo algo, mis compañeros me presionarán para que me calle y puede que incluso me despidan».

- «No puedo dar problemas, ya que necesito el sueldo para pagar la hipoteca y los gastos de mis hijos».

- «Todas las empresas se enfrentan a problemas similares, así que más vale que me quede aquí callado».

Los líderes de mayor éxito nunca actúan de esta manera, no hacen la vista gorda ante lo que está sucediendo. Encuentran el valor para alzar la voz e incluso pueden llegar a renunciar y seguir adelante. Para estas personas, cuando sus creencias y principios éticos entran en conflicto con los de sus superiores y colegas, nunca permiten que el miedo o la seguridad laboral les hagan comprometer sus convicciones.

✓ Ponlo en práctica

ÁBRETE Y BUSCA CONSEJO

Cuando te enfrentes a un problema en el trabajo que ponga en duda tus convicciones, habla con alguien de confianza. Intenta abrirte a alguien que no trabaje en la misma empresa para evitar la posibilidad de que comparta tus preocupaciones con otras personas de la compañía, lo que podría conllevar consecuencias.

Pregúntale a esa persona si cree que tu forma de sentirte respecto a un tema en concreto es razonable. Explorad cómo deberías responder:

- Guardar silencio o alzar la voz.
- Permanecer en el puesto o dimitir.

DENÚNCIALO

Si tu empresa cuenta con un programa de denuncia de irregularidades en el que puedas plantear problemas de forma anónima, sigue esta vía para expresar tu preocupación sobre una práctica empresarial concreta. Si esto resulta inútil porque tu director general, tus compañeros de mayor rango o el consejo de administración no actúan en respuesta a la denuncia e incluso intentan silenciarla, puedes optar por hablar del problema con un organismo de control del sector, un defensor del pueblo o una autoridad reguladora. Si esto tampoco da resultado, puedes ponerte en contacto con los medios de comunicación.

Ahora bien, protégete solicitando asesoramiento legal, ya que es muy probable que en tu contrato de trabajo hayas aceptado cláusulas de confidencialidad y no divulgación muy claras y exhaustivas.

BUSCA UN NUEVO PUESTO DE LIDERAZGO ANTES DE DIMITIR

Si sientes que podrías acabar renunciando a tu trabajo debido a determinadas prácticas comerciales y éticas inaceptables, intenta planificarlo con antelación y busca un nuevo empleo antes de presentar la renuncia.

8 6

ROMPE LOS TECHOS DE CRISTAL

....

«Nunca permitas que otras personas te frenen
solo por ser quien eres o por lo que eres».

Según dos encuestas realizadas en 2018, una por Sky y otra por Learnlight, un abrumador 25 % de los empleados del Reino Unido ha sufrido discriminación en el lugar de trabajo. En Estados Unidos, un estudio de 2017 reveló que el 42 % de las mujeres ha sufrido discriminación laboral, mientras que otro estudio de 2017 puso de manifiesto que más de la mitad de los afroamericanos ha sufrido discriminación en términos de salario y ascensos.

En el capítulo 75 te animé a ser un líder que nunca se muestre parcial hacia otras personas, pero ¿qué ocurre cuando te enfrentas al sesgo inconsciente de otras personas o incluso a una discriminación abierta contra ti, una discriminación que podría poner en peligro tu carrera de liderazgo y tu éxito? Cuando ocupas un puesto de trabajo sin muchas responsabilidades, es posible que prefieras ignorar estas cosas y tratar de no crear problemas o alegar que se trata de un caso aislado. Pero, una vez en un puesto de liderazgo, la discriminación puede hacerse más obvia y llegar a ser imposible ignorar sus efectos, como cuando:

- Te pasan por alto para un ascenso a un puesto de mayor liderazgo.
- No se te confía la dirección de un proyecto de alto perfil.
- Recibes un salario inferior al de otros líderes que desempeñan funciones similares.
- No resultas preseleccionado ni entrevistado para un puesto de liderazgo en otra empresa.
- Tus compañeros o jefes no te respetan ni te tratan como un líder.

✓ *Ponlo en práctica*

VALÓRATE

Sé tú mismo y nunca ocultes ningún aspecto de tu personalidad, al tiempo que intentas romper cualquier barrera que pueda estar frenando tu carrera profesional. Deja que tus puntos fuertes se reflejen en tu rendimiento laboral y en las interacciones con tus colegas.

Cuando te enfrentes a cualquier tipo de discriminación o prejuicio, analiza la situación con calma, alza la voz y habla sobre ello. Pide a las otras personas implicadas que comprendan, se disculpen y cambien. Si tus jefes y colegas te tratan de forma desigual, plantéales el problema. Si no responden de forma justa y sincera, plantéate dimitir y buscar un entorno de trabajo más sano.

En mi trabajo como *coach*, las áreas en las que los líderes suelen sentir discriminación son en la remuneración y en las evaluaciones de rendimiento:

- Si crees que estás cobrando menos de lo que deberías por algún aspecto de tu trayectoria, habla con tu jefe y con tus compañeros de Recursos Humanos para que te den una explicación. Insiste en obtener una remuneración comparable a la que ganan los líderes que ocupan puestos similares al tuyo.

- Si recibes una calificación y una evaluación del rendimiento inferiores a lo esperado, no te precipites a pensar que se debe a un sesgo o a una discriminación. Puede que no sea así. Podría tratarse de una calificación correcta y se te podría acusar de intentar desviar la atención del hecho de que, en realidad, eres un líder con un rendimiento inferior al esperado.

AYUDA A OTRAS PERSONAS A ROMPER SUS PROPIOS TECHOS DE CRISTAL

Si eres una mujer líder, perteneces a un grupo étnico, religión o entorno socioeconómico concreto, o eres miembro de la comunidad LGTBIQ+, sé un ejemplo. Da charlas durante la hora del almuerzo, sé mentor o escribe en la revista de la empresa y comparte abiertamente tu trayectoria profesional y tus dificultades para triunfar a pesar de ser mayor, mujer, asiática, transgénero, etc. Esto puede animar a otros compañeros a hablar sobre cómo sus propias ambiciones profesionales se han visto frustradas por diversos tipos de prejuicios y de cómo han tenido que superar más obstáculos para llegar a donde están hoy.

87

NO IGNORES AL ELEFANTE EN LA HABITACIÓN

«Si no vigilas al elefante, es posible que cuando vuelvas encuentres todos los muebles destrozados».

Demasiadas organizaciones y entornos laborales tienen problemas y cuestiones que no se abordan. Esto se debe a menudo a que las personas no quieren crear problemas, molestar a las demás o verse envueltas en cuestiones espinosas. Si no se discuten, estas cuestiones se agravan y crecen, lo que puede perjudicar el rendimiento de la empresa, la cultura laboral, la moral del personal e incluso la propia credibilidad. He aquí algunos ejemplos de estos problemas:

- Todo el mundo sabe que tu jefe, el director general, es un tirano y trata sin piedad a quienes no están de acuerdo con él. Muchos compañeros con talento han dimitido, pero nadie aborda el tema por miedo a molestarlo.

- La adquisición de la empresa para la que trabajas por parte de un competidor está agotando los recursos y no hay pruebas de que se vayan a materializar los ahorros previstos. Todo el mundo guarda silencio para no parecer demasiado negativo y crítico con lo que fue una compra estratégica muy aplaudida.

- Muchos de tus compañeros de gestión están preocupados por la reciente decisión de tu empresa de externalizar parte de la fabricación y les preocupa el impacto que esto tendrá en la calidad de los productos y los plazos de entrega. El tema no se está tratando abiertamente porque toda la dirección había acordado inicialmente la medida. Nadie está dispuesto a admitir que puede haberse equivocado.

Por muy incómodos, delicados o antiguos que sean los problemas, los líderes de más éxito nunca los ocultan bajo la alfombra. Reconocen cuándo hay que hablar de un tema y resolverlo, aunque esto moleste a la gente o cree tensiones.

✓ Ponlo en práctica

BUSCA LOS ELEFANTES EN CUALQUIER NUEVO PAPEL QUE ASUMAS

Mantén los ojos abiertos ante cualquier problema dentro de tu propio equipo y entorno de trabajo que tu predecesor pueda haber dejado sin resolver:

- El segundo al mando de tu equipo no ha rendido lo suficiente y debería haber sido despedido hace muchos meses.

- Tu equipo está dividido en dos bandos con tensiones evidentes y una colaboración deficiente; nadie ha abordado aún el asunto.

Estos temas deberían resultarte relativamente fáciles de abordar, dado que eres nuevo y deseas establecer tu autoridad y credenciales de liderazgo.

CONFIRMA QUE ES REAL

Tómate tu tiempo para investigar si el problema es tal y como parece. Los rumores y cotilleos pueden ser totalmente falsos y malgastarías tu tiempo y credibilidad al abordar el supuesto problema si te precipitaras sin comprobar primero los hechos.

RECONOCE ABIERTAMENTE EL PROBLEMA

Cuando hayas confirmado que el problema es real, habla de ello con tus compañeros y pídeles que compartan sus opiniones y sentimientos. Ten en cuenta que algunos pueden sentirse culpables por haber causado el problema en primer lugar o por no haberlo planteado y resuelto antes. Asegúrales que tu objetivo principal es resolverlo y no mirar atrás, buscar culpables ni repartir responsabilidades.

VE AL FONDO DEL PROBLEMA

Dedica tiempo a explorar a fondo el problema, y permite que todas las personas afectadas e involucradas expresen su opinión y compartan sus puntos de vista. Acordad juntos cómo resolver las cosas y seguir adelante. Puede haber situaciones en las que sea necesario encontrar fallos y repartir responsabilidades. En tales casos, mantente firme y prepárate para tomar decisiones difíciles cuando te des cuenta de que es necesario reprender, degradar o incluso rescindir el contrato de alguien.

88

DESHAZTE DE LO QUE YA NO NECESITAS

«No te dejes cegar por la nostalgia.
Deshazte de lo que ya no sirve».

¿ Es hora de hacer limpieza general para deshacerte de ideas, personas, objetivos y procesos que ya no te ayudan a ti ni a tu negocio a tener éxito? Esto podría implicar:

- Personal con una mentalidad tóxica que se resiste a tu liderazgo o que habla constantemente mal de todos los compañeros de trabajo.

- Planes y objetivos que han sido importantes para tu negocio en el pasado, pero que ya no lo son.

- Miembros del equipo que no son capaces de cumplir con sus obligaciones y frenan a otros que dependen de ellos para rendir de manera adecuada.

- Procesos y sistemas obsoletos que funcionan, pero que pueden ser lentos, propensos a fallos o carecer de las últimas funcionalidades y ventajas.

Después de muchos años en puestos de liderazgo, es de esperar que hayas aprendido, a base de prueba y error, a no aferrarte nunca a nada que no te sirva, pero cuando eres nuevo en el liderazgo es posible que te falte la experiencia y la confianza necesarias para actuar con la rapidez que deberías. Intenta adquirirlas lo antes posible.

Además, saber que necesitas dejar ir algo puede ser lo más fácil. Lo difícil es hacerlo realmente, sobre todo teniendo en cuenta la tendencia que tenemos las personas a permanecer en nuestra zona de confort y a no querer molestar a los demás.

✔ Ponlo en práctica

SOPESA LAS VENTAJAS Y LOS INCONVENIENTES DE ACTUALIZAR LOS SISTEMAS

Tan pronto como detectes un sistema, proceso o procedimiento obsoleto, coméntalo con tus compañeros y pídele a alguien que evalúe cómo podría actualizarse o sustituirse. Si el cambio supone un coste, involucra también al equipo financiero y pídeles que realicen un análisis de coste-beneficio para valorar si las ventajas del cambio compensan los costes iniciales y posteriores.

RENUEVA LAS OFICINAS

El mismo razonamiento debería aplicarse a edificios —oficinas, almacenes y plantas— y a equipos —vehículos de empresa y ordenadores—. Una oficina deteriorada y en mal estado, con una distribución deficiente de las salas y los puestos de trabajo, puede parecer demasiado costosa de renovar. Sin embargo, tal vez merezca la pena: las ventajas en términos de mejora de la productividad y la motivación del personal al trabajar en una oficina con una distribución más moderna y saludable podrían justificar con creces los costes de la renovación.

NUNCA TE AFERRES A LAS PERSONAS EQUIVOCADAS

Deja de preocuparte por las molestias que le puedas causar a un empleado que quizás no encaja y céntrate en seguir los procesos de Recursos Humanos de tu empresa. Dale a la persona la oportunidad de mejorar (en un plazo acordado). Si no lo consigue, despídela. Sé sincero e intenta ser lo más justo posible con las condiciones de la rescisión del contrato. Explica al resto del equipo por qué has tomado la decisión de despedir a esa persona. En la mayoría de los casos, probablemente ya se lo esperaban y se preguntarán por qué has tardado tanto en hacerlo.

EVALÚA LA RELEVANCIA DE TODAS LAS IDEAS Y OBJETIVOS

En las reuniones de equipo y otros encuentros, adopta el hábito de preguntar a los compañeros qué relevancia y validez tienen las hipótesis clave, las formas de trabajar, los objetivos y las metas. Decidid juntos cuáles deben descartarse o modificarse.

89

NO HAY TIEMPO QUE PERDER

«No caigas en la trampa de posponer
siempre lo que debe hacerse hoy».

Cuando procrastinas y pospones decisiones y tareas importantes para más adelante, no solo estás afectando tu propia productividad y eficiencia, sino que también estás perjudicando a tu equipo. En un estudio de 2018 publicado en la revista *Journal of Occupational and Organizational Psychology*, un equipo dirigido por dos académicos de la Universidad de Exeter descubrió que los directivos que procrastinan frustran a su personal y hacen que este se comprometa menos con su trabajo. Muchos empleados del estudio comenzaron a mostrar comportamientos poco saludables, como tomarse más bajas por enfermedad, tratar mal a sus compañeros o incluso robar material de oficina.

Son demasiados los líderes que retrasan trabajar en una tarea, resolver un problema o tomar una decisión por diversas razones, todas ellas relacionadas:

- Están ocupados y distraídos por otras cosas que compiten por su tiempo y atención.
- No están interesados ni motivados para dedicar tiempo a ese tema en particular.
- No están de humor y carecen del impulso y la motivación para ponerse manos a la obra.
- Suponen que será más fácil hacerlo pasado un tiempo, cuando la fecha límite inminente los empuje a completar el trabajo.
- Tienen la impresión de que es demasiado complicado o difícil y deciden ignorarlo.

No toda la procrastinación es mala. Quizás recuerdes del capítulo 52 los beneficios que tiene para los líderes tomarse un tiempo para hacer una pausa, reflexionar y comprender los problemas y cuestiones a los que se enfrentan. Los mejores líderes comprenden la diferencia entre saber cuándo tomarse tiempo con ciertos asuntos y saber cuándo hay que centrarse en tareas concretas de inmediato.

Aunque te guste postergar el trabajo urgente y quemarte las pestañas la noche antes de entregar un informe, recuerda que es posible que tu equipo no comparta ese estilo de trabajo de última hora. Si quieres motivarlos e inspirarlos, deja de postergarlo todo.

✓ Ponlo en práctica

· ·

LLEGA A LA RAÍZ DEL PROBLEMA

Cuando sientas la tentación de retrasar o posponer algo, detente y pregúntate si realmente quieres ceder a ese impulso. Puede resultar difícil, especialmente si:

- Tu personalidad te lleva a procrastinar porque eres propenso a reaccionar con lentitud y reflexión y sueles evitar las tareas.

- Necesitas superar cualquier miedo que te impida empezar, como el miedo a no hacer un buen trabajo, a tener dificultades o a fracasar.

Puede que se trate de hábitos muy arraigados, pero puedes cambiarlos con un poco de concentración, fuerza de voluntad y determinación. Si te resulta muy difícil, busca un terapeuta o un *coach* que te ayude a cambiar estos patrones de comportamiento mediante terapia cognitivo-conductual (TCC). Puedes completarla en unas pocas semanas o meses, a través de una serie de conversaciones individuales.

REPASA TU LISTA DE TAREAS PENDIENTES Y EVITA LAS DISTRACCIONES

Para ayudarte a cambiar tu hábito de procrastinar:

- Al final de cada jornada laboral, marca lo que has logrado en una lista de tareas pendientes y crea una versión nueva o actualizada en la que incluyas lo más importante que debes realizar al día siguiente. A la mañana siguiente, asegúrate de trabajar en las actividades que has incluido en la lista.

- Evita cualquier distracción que pueda hacerte procrastinar. ¿Qué te distrae por lo general? ¿Mirar constantemente tus redes sociales o tu correo electrónico? ¿Permitir que la gente te interrumpa? ¿Pasar demasiado tiempo en reuniones improductivas?

... ¡PERO PENSAR NO ES PROCRASTINAR!

En cualquier caso, recuerda dedicar tiempo de vez en cuando a dejar lo que estás haciendo y reflexionar y considerar cómo vas a abordar tus numerosas cuestiones de liderazgo. A las demás personas les puede parecer que estás procrastinando, pero tú sabes que no es así.

PREPÁRATE PARA LO IMPOSIBLE

«Ten cuidado de no descartar lo improbable como imposible».

El hecho de que algo nunca haya sucedido no significa que nunca vaya a suceder. La historia reciente está repleta de acontecimientos muy improbables que han ocurrido y han sacudido e incluso destruido negocios y las carreras de sus líderes:

- Empresas como Enron, Kodak, Carillion, Lehman Brothers y los restaurantes de Jamie Oliver se han ido a pique y han quebrado de la noche a la mañana. Si se tratara de un proveedor o cliente clave tuyo, su cierre podría haber sido devastador para tu negocio.

- Desastres naturales como incendios forestales, terremotos, erupciones volcánicas y huracanes pueden tener efectos devastadores, como la pérdida generalizada de vidas humanas, la destrucción de comunidades, la interrupción de la producción, el cierre de aeropuertos y el corte de las comunicaciones, acontecimientos que pueden causar graves dificultades a cualquier negocio.

Cada uno de estos hechos puede ser inesperado, pero parece que se producen con cada vez más frecuencia. Los líderes de éxito son conscientes de ello y están aprendiendo a prepararse y planificar para estos «cisnes negros», conocidos así por el hecho de que no todos los cisnes son blancos, algo que se consideraba imposible hasta que los europeos vieron uno al desembarcar por primera vez en Australia.

✓ Ponlo en práctica

DEJA DE SORPRENDERTE

Acepta que lo imposible puede ocurrir y, en algunos casos, se está convirtiendo en algo habitual. Empieza a comprenderlo haciendo análisis hipotéticos. Esto implica explorar escenarios muy improbables, pero posibles, de acontecimientos que podrían tener un impacto catastrófico en tu negocio, como por ejemplo:

- ¿Cómo afrontarías el cierre de tu principal proveedor de materias primas?

- ¿Qué harías si tus principales mercados de exportación se cerraran debido a un golpe militar o un terremoto de gran magnitud?

- ¿Cómo nos adaptaríamos si cambiara el Gobierno y se cancelaran todas nuestras ventajas fiscales?

- ¿Cómo seguiríamos prestando servicio a nuestros clientes si nuestra principal fábrica se inundara por completo debido a la crecida de un río cercano?

Para cada posible evento, planifica cómo ayudarías a tu empresa no solo a sobrevivir, sino a prosperar.

PARTICIPA DE MANERA ACTIVA EN LA GESTIÓN DE RIESGOS

Implementa las medidas necesarias para reducir el impacto potencial de cualquier evento imprevisto. Podría implicar diversificar las ubicaciones de producción, la base de proveedores o incluso la base de clientes.

Asegúrate de que tu empresa cuenta con una cobertura de seguro suficiente para cualquier posible interrupción de la actividad. Considera la posibilidad de contratar un seguro ante la posibilidad de que tú u otros líderes clave fallezcan o queden incapacitados. Incluso podrías introducir una norma según la cual el equipo directivo y tú mismo nunca debéis volar juntos para evitar la posibilidad, aunque sea ínfima, de que todos perdáis la vida al mismo tiempo.

9 1

DIRIGE A LOS EQUIPOS REMOTOS CON CUIDADO

· ·

«El dicho "Ojos que no ven, corazón que no siente" tiene mucha verdad cuando se trata de liderar a personas».

Tus habilidades de liderazgo se pondrán a prueba el día en que te asignen un equipo disperso por todo el mundo y ya no lo tengas felizmente a tu alcance desde tu oficina. Tener miembros del equipo en diferentes partes del país, o incluso repartidos por varios continentes, te plantea una serie de retos:

• Ya no puedes sentarte con esas personas a tomar un café cada vez que hay algo que discutir o si tan solo quieres ponerte al día.

• Es posible que algunos miembros de tu equipo vivan en zonas horarias diferentes, lo que reduce el número de horas en las que vuestras jornadas laborales coinciden. Si estás en Barcelona y tienes personal en Hong Kong y San Francisco, tendrás que adaptarte a las llamadas a primerísima hora de la mañana con los que están en Asia y a las llamadas a última hora de la tarde con los que están en Estados Unidos. Durante gran parte de tu jornada laboral, tendrás que acostumbrarte al hecho de que buena parte de tu equipo estará durmiendo.

• No puedes pasar por sus puestos de trabajo para ver cómo están y en qué están trabajando. En su lugar, tienes que gestionarlos por videoconferencia o al teléfono.

• Cualquier empleado que trabaje a distancia puede sentirse abandonado y olvidado, sobre todo si rara vez viajas a su lugar de trabajo y esa persona rara vez te visita. Como resultado, puede desmotivarse y desconectarse con facilidad.

• Si dependen tanto de ti como de un superior local, es posible que tu influencia sea menor en comparación con la del superior que tienen más cerca, con quien probablemente tengan una relación más estrecha.

Para liderar con éxito al personal que trabaja a distancia es necesario reconocer y superar estos retos. Para ello, tendrás que cambiar de enfoque en tu labor diaria a la hora de conectar y trabajar con tu equipo.

✓ Ponlo en práctica

SELECCIONA CUIDADOSAMENTE AL PERSONAL QUE VAYA A TRABAJAR A DISTANCIA

Si puedes elegir quién de tu equipo trabajará de forma remota, selecciona a alguien con la mentalidad ideal: que se sienta cómodo trabajando solo y de forma independiente, y que sea una persona motivada que no necesite apoyo constante ni confirmación de que está haciendo lo correcto. La persona candidata ideal es alguien que ya haya trabajado contigo, de modo que ambos conozcáis el estilo de trabajo y personalidad del otro.

PRÉSTALE ESPECIAL ATENCIÓN Y CUIDADO

El personal que trabaja a distancia necesita un cuidado y una atención especiales. No puedes tratarlo exactamente igual que al personal que trabaja en la oficina. Debes esforzarte más para que se sientan valorados y miembros iguales de tu equipo:

- Llámalos de vez en cuando para preguntarles cómo están y para charlar, a ser posible mediante una videollamada, para que así podáis veros. De este modo, intentarás imitar el contacto casual e informal que se produce en la oficina cuando pasas por delante del puesto de trabajo de alguien o te encuentras con esa persona en el pasillo.

- Planifica tus viajes para visitar el lugar donde trabaja y, siempre que sea posible, llévalo al tuyo. Ten cuidado con dejar que tu personal financiero te presione para reducir este tipo de costes. Según mi experiencia, el coste de un billete de tren o avión y unas cuantas noches de hotel se compensa con creces con los beneficios en términos de motivación y productividad que supone estar cara a cara con uno de los miembros del equipo que se encuentra trabajando a distancia.

- Del mismo modo, apoya y anima al resto de los miembros de tu equipo a que también mantengan un contacto regular con sus compañeros que no trabajan en el mismo lugar. Cuando tengas la oportunidad de crear equipos para proyectos, mezcla personal remoto y no remoto.

LA EDAD ES SOLO
UN NÚMERO

«Imagina tener que gestionar a personal cincuenta años mayor o menor que tú».

Los líderes de hoy en día deben convertirse en expertos en dirigir a personas de todas las edades, sobre todo porque, por primera vez en la historia, hay cuatro generaciones trabajando juntas al mismo tiempo:

- Los *baby boomers*, nacidos entre 1946 y 1964.
- La generación X, nacida entre 1965 y 1976.
- Los *millennials* (también conocidos como generación Y), nacidos entre 1977 y 1997.
- La generación más joven, nacida después de 1997 y conocida como generación Z.

Con el aumento de la edad de jubilación, es posible que te encuentres dirigiendo un equipo de personas de entre veinte y setenta años.

Cuando pensamos en dirigir a personas de edades tan diversas, tendemos a encasillarlas haciendo suposiciones generales, como estas:

- Los empleados más jóvenes odian las tareas repetitivas, son más ágiles e impacientes por crecer en lo profesional.
- Los empleados de más edad están anclados en sus costumbres, son más sabios, reacios al cambio y más difíciles de motivar.

Estas suposiciones influyen en la forma en que nosotros, como líderes, contratamos, promocionamos, delegamos, motivamos y trabajamos con nuestros compañeros. Pero las pruebas demuestran que estas suposiciones suelen ser erróneas. Así lo confirmó un trabajo de investigación de 2012 que analizó veinte estudios relevantes en los que participaron casi veinte mil personas y concluyó que cualquier diferencia en el rendimiento o el estilo de trabajo era atribuible a factores no relacionados con la edad y no el resultado de nuestras suposiciones (los jóvenes son más rápidos y entusiastas, etc.).

Los líderes de más éxito lo comprenden y se centran en los beneficios de que diferentes generaciones trabajen juntas.

✓ Ponlo en práctica

SUPERA CUALQUIER PREJUICIO GENERACIONAL ARRAIGADO

Adopta una mentalidad abierta observando y comprendiendo la forma de pensar, los comportamientos y las acciones de cada miembro del equipo. Es posible que te sorprenda descubrir que algunas de tus suposiciones eran erróneas, por ejemplo, que algunos empleados más jóvenes son más sensatos de lo que cabría esperar por su edad, mientras que algunos de sus compañeros mayores son más adaptables y ambiciosos que otros con la mitad de años.

Anima a tus colegas a tener la misma mentalidad abierta y a ser observadores. Empieza por hablar sin tapujos con tu equipo sobre sus experiencias y percepciones al trabajar con personas mucho mayores o más jóvenes que ellos. Una encuesta anónima puede ser una buena idea para ayudar a comprender lo que siente y experimenta el equipo, por ejemplo, que los jóvenes no escuchan a los mayores o que los compañeros mayores parecen lentos y desinteresados.

ELIMINA LA EDAD DE LA ECUACIÓN

Deja de tener en cuenta la edad de una persona, o al menos considérala un factor secundario, a la hora de tomar decisiones sobre a quién se contrata, a quién se asciende y qué responsabilidades y oportunidades se le dan a cada persona. Céntrate en sus puntos fuertes, su rendimiento real y su potencial.

CONSIDERA LA PRESENCIA DE VARIAS GENERACIONES COMO UNA VENTAJA

Las diferencias son positivas y debes considerar la presencia de diferentes generaciones en tu equipo de la misma manera que lo haces respecto de las diferentes personalidades, cualificaciones o experiencias laborales. La diversidad siempre es algo positivo. Las personas de diferentes generaciones aportarán perspectivas, ideas y experiencias únicas: lo que una persona pasa por alto o malinterpreta, otra puede entenderlo a la perfección. Anima a tu equipo a comprender esto.

GESTIONA A TU JEFE

«A veces, la persona que más necesita tu liderazgo es tu propio jefe».

Gestionar a un jefe es tan importante como gestionar a un equipo propio. Esto se denomina «liderazgo ascendente». Puede que suene extraño, pero, para tener éxito, a menudo necesitarás que tu jefe:

- Comprenda y apoye tus necesidades y peticiones.
- Escuche tus sugerencias y propuestas y se deje guiar por ellas.
- Te ayude a obtener los recursos necesarios y el apoyo de la organización.
- Actúe de manera similar a ti para reforzar tus propias acciones, por ejemplo, siendo firme con un proveedor o disculpándote ante un cliente importante.
- Te ayude en un conflicto interno o ante un malentendido.
- Te dé espacio u otro tipo de apoyo que necesites.

Para que sea posible, debes guiar bien a tu jefe para asegurarte de que sus expectativas, plazos, acciones y palabras estén perfectamente alineados con los tuyos. Esto es así independientemente de si se trata de un superior directo, un director ejecutivo global o el presidente de la junta directiva.

Si tu jefe es muy veterano, esquivo o difícil de abordar, es posible que te sientas incómodo dirigiéndote a él, pero las investigaciones demuestran que el esfuerzo vale la pena. Un estudio global realizado en 2016 por McKinsey & Co, en el que se encuestó a mil doscientos directores de marketing, concluyó que para alcanzar el éxito empresarial es hasta un 50 % más importante gestionar hacia arriba (y también, horizontalmente, esto es, gestionar a los compañeros) que gestionar el propio equipo. Esto concuerda con lo que observo en los líderes a los que asesoro, muchos de los cuales se dan cuenta de que necesitan gestionar a sus jefes aún mejor de lo que lo están haciendo para alcanzar sus propios objetivos y KPI.

✓ *Ponlo en práctica*

LIDERAR DE FORMA NO DIRECTIVA

Es posible que a tu jefe no le guste que le digan lo que tiene que hacer, ya que tiene más antigüedad y no tiene por qué escuchar tus peticiones. Si eres de tendencia exigente y directiva, corres el riesgo de que te considere arrogante e irrespetuoso. La solución es guiarlo indirectamente mediante una combinación de lo siguiente:

- Comprender muy bien a tu jefe, incluyendo saber cuándo está receptivo a las sugerencias y qué lo motiva e impulsa.

- Utilizar tus habilidades de persuasión para que acepte algo que normalmente rechazaría.

- Acostumbrarlo poco a poco a tus ideas, en lugar de pedirle directamente que esté de acuerdo con tu forma de pensar.

- Darle la impresión de que tus ideas son en realidad las suyas propias.

Si todo lo demás falla, es posible que tengas que mostrarte firme y contundente, pero solo hazlo cuando tengas la seguridad de tener todos los argumentos y datos en orden.

ELIGE BIEN EL MOMENTO

Con los miembros de tu propio equipo, eres libre de dirigirlos, guiarlos y delegarles tareas con la frecuencia que desees. Obviamente, este no es el caso con tu jefe. Sé muy selectivo con las expectativas, la comprensión y las acciones de tu jefe.

GESTIONA HORIZONTALMENTE

Con tus compañeros, evita ser demasiado insistente y exigente. A diferencia de tu jefe, es menos probable que estos discrepen contigo de manera directa. En cambio, es posible que se quejen de ti a tus espaldas.

NUNCA PRESUMAS CON DESCARO

....

«No se trata de alardear».

No importa cuánto éxito tengas. Evita presumir y hacer alarde a los cuatro vientos de tu buena suerte. Nadie tiene interés ni se deja impresionar, excepto tú, por lo que alabarte a ti mismo no produce ninguna ganancia, excepto enviar un mensaje de «mírame, soy genial». Lamentablemente, muchos líderes no pueden evitarlo, en parte porque tienen una personalidad ambiciosa, arrogante y engreída, y también porque están muy acostumbrados a tener razón y a salir ganando.

Cuando asesoro a este tipo de líderes, me doy cuenta de que son personas adictas a querer ser el centro de atención y tienden a pensar que permanecer callado y mostrar humildad es una debilidad. Esto es especialmente cierto entre los líderes hombres. Los hombres suelen considerar que presumir es una muestra de confianza, mientras que en el caso de las mujeres se suele tachar de arrogancia, lo que refleja nuestro sesgo subconsciente de que las mujeres deben ser más humildes y calladas que ellos.

Los líderes de mayor éxito han aprendido, a menudo por las malas, que presumir no tiene ningún valor porque:

- El éxito es efímero y lo que asciende puede descender con la misma facilidad.
- Buscar el reconocimiento y los elogios no es más que un signo de inseguridad y falta de sabiduría.
- Presumir no hace ganar el cariño de los compañeros ni ayuda a hacer amistades.

El secreto está en encontrar el equilibrio ideal entre mostrar confianza y ser humilde, al tiempo que se comparten los éxitos propios y los del equipo de la mejor manera posible.

✓ Ponlo en práctica

NO ACTÚES EN MODO AUTOMÁTICO

Obsérvate a ti mismo: ¿tienes algún patrón de comportamiento que necesitas cambiar? Quizás seas culpable de permanecer siempre callado y humilde y nunca dar tu opinión, o de actuar de forma arrogante, con demasiada seguridad en ti y presumiendo constantemente.

ENCUENTRA EL PUNTO MEDIO

Debes practicar y desarrollar la habilidad de saber cuándo ser humilde, cuándo mostrar confianza y cuándo presumir. Como regla general:

- **Sé callado y humilde** cuando el trabajo de tu equipo y el tuyo propio hablen por sí mismos y las demás personas ya sepan lo que se ha logrado, o cuando el logro sea poco relevante.

- **Actúa con confianza** en todo momento, pero sin caer en la arrogancia. Puedes lograrlo equilibrando el nivel de confianza con momentos en los que admites que te equivocas, que no entiendes algo o que no tienes la seguridad de qué hacer.

- **Comparte tus propios éxitos** de forma discreta y modesta, y solo de forma selectiva. Es mucho mejor que tu jefe, los clientes internos y los compañeros hablen bien de tu trabajo, lo que hará que no tengas que añadir nada al respecto.

- **Comparte** con regularidad **los éxitos de tu equipo.** Con tu equipo puedes presumir y alabar sus logros para darles visibilidad y motivarlos. Sin embargo, tu intención nunca debe ser llamar indirectamente la atención sobre ti como su jefe.

CREA UNA BUENA CULTURA LABORAL

. . . .

«No eres una isla y no basta con que tan solo te centres en liderar con excelencia».

U n líder exitoso es aquel que desarrolla una cultura laboral positiva y saludable. Al igual que la cultura, aspecto que exploramos en el capítulo 78, una cultura laboral describe las múltiples formas en que los compañeros interactúan, se comunican y trabajan, así como el entorno que se desarrolla como resultado de ello.

Cultura laboral deficiente	Buena cultura laboral
• La gente tiene miedo de expresarse.	• Las personas se comunican abiertamente.
• Nadie desafía a su jefe.	• Los jefes directos son accesibles y están acostumbrados a que se les planteen retos.
• La gente critica a las demás personas y rara vez ofrece elogios.	• Los compañeros se agradecen y se felicitan mutuamente con regularidad.
• No se permite la flexibilidad horaria ni el teletrabajo.	• El personal puede trabajar desde casa en ocasiones y vestirse como desee, excepto cuando se reúne con clientes.
• Se aplica un estricto código de vestimenta.	• Se invierte mucho esfuerzo en crear un equilibrio entre la vida laboral y la personal.
• Se espera que todo el mundo haga horas extras no remuneradas y se lleve trabajo a casa los fines de semana.	• Se promueve la sensación de que el trabajo duro se recompensa y los ascensos se basan en el rendimiento.
• Todos los ascensos del personal se basan en los años de servicio.	

Garantizar una cultura laboral positiva puede ser una tarea abrumadora porque:

- No eres el único líder de tu organización y cada uno puede tener diferentes puntos de vista y opiniones sobre lo que constituye una buena cultura laboral.
- A un empleado le puede encantar la cultura laboral actual, mientras que a otro le puede resultar agobiante o deprimente: no todo el mundo valora lo mismo.
- Si un director ejecutivo está impulsando las cosas en una dirección, puede resultar difícil lograr que vayan en otra.

✓ Ponlo en práctica

ALÉJATE DE UNA MALA CULTURA LABORAL

Nunca permanezcas en una organización que tenga una pésima cultura laboral y que creas que nunca va a mejorar por mucho que lo intentes. Ser la única persona que piensa así te desmotivará y deprimirá, y te costará prosperar como líder. Intenta trabajar solo en empresas en las que:

• Disfrutes de la cultura laboral y sientas que puedes prosperar y tener éxito.

• Consideres que la cultura laboral debe mejorar, pero confías en que, con tu aportación y con el tiempo, se convertirá en una cultura más motivadora e inspiradora.

ANALIZA LA CULTURA LABORAL

Trabaja con tus colegas de Recursos Humanos para realizar encuestas anuales o semestrales sobre el compromiso de las personas empleadas. Utiliza una encuesta en línea para ello, que permita al personal responder de forma anónima a una amplia gama de preguntas que abarquen todos los aspectos del entorno laboral. Analiza los resultados para comprender los aspectos positivos y menos positivos de la cultura laboral actual.

Además, siempre que tengas la oportunidad, reúnete personalmente con el personal y pídeles ideas para mejorar preguntándoles: «¿Qué os gusta y qué no de trabajar aquí?». La misma pregunta se puede plantear en las entrevistas de salida del personal que dimita.

ELABORA UN PLAN DE ACCIÓN

Decide qué cambios clave son necesarios para ayudar a convertir la cultura laboral actual en una que todos consideréis positiva y muy motivadora, y elabora un plan de acción. Involucra a tus compañeros de liderazgo y jefes en este proceso, recordándoles que, como líderes, todo lo que cada uno hace o dice tiene un impacto en la cultura laboral.

Al menos una vez al mes, dedica tiempo en una reunión a revisar cómo os está yendo a la hora de dar ejemplo de la cultura y los estilos de trabajo ideales. Pide a cada líder que comparta historias de éxito para inspiraros y motivaros mutuamente.

96

PERSIGUE LA AUTENTICIDAD

«Sé tú mismo, digan lo que digan».

Ahora que estás llegando al final de este libro, es el momento de dar un paso adelante, encontrar tu voz y convertirte en el líder único que solo tú eres capaz de ser.

Nadie más es como tú, con tu combinación de valores, personalidad, estilo de comunicación, experiencia laboral, fortalezas, ambiciones y sueños. Así que resiste la tentación de tomar el atajo de imitar a otras personas, como tus modelos, jefes y mentores, o de simplemente aplicar todos los consejos de este libro sin tener en cuenta tu propio contexto y necesidades.

Es mejor luchar o incluso fracasar siendo tú mismo (como líder) que copiar la visión, los objetivos o el estilo de liderazgo de otra persona y convertirte en una versión a medias de lo que podrías ser. Sería tan insatisfactorio e improductivo como tener un deportivo con el motor de un turismo de segunda mano. Nunca podrías conducir a tu máximo potencial.

Las personas que mejor lideran saben que ser ellas mismas les garantiza ser tan eficientes, eficaces, enérgicas e inspiradas como les sea posible en sus funciones de liderazgo.

✔ Ponlo en práctica

··

ESFUÉRZATE POR ENCONTRAR TU VERDADERO ESTILO DE LIDERAZGO

Liderar con autenticidad significa sentirte bien en tu propia piel (de líder) y superar cualquier sensación de que no eres la persona adecuada o digna para ser un líder destacado. Se trata del síndrome del impostor, del que hablamos en el capítulo 53. Si te cuesta superarlo, plantéate buscar la ayuda de un *coach* o terapeuta.

Convertirte en tu verdadero yo también significa descubrir qué te funciona y qué no. Para ello, obsérvate continuamente y toma nota de lo que descubras, por ejemplo:

• Si no eres una persona agresiva y extrovertida, piénsalo dos veces antes de intentar actuar así como líder.

• Si los valores de tu jefe no te convencen, no actúes como si fueran también los tuyos.

• Si crees que no funciona delegar tanto trabajo como tu personal o tu jefe te sugieren sin parar, crea tu propio plan de delegación.

Además, aprende de mentores, *coaches*, líderes, libros, cursos y expertos, etc., pero nunca imites todo lo que hacen. Toma solo lo que te parezca útil y aplícalo cuidadosamente a tu propio contexto y necesidades.

NO OCULTES TUS DEBILIDADES

Parte de ser real es descubrir que no eres una persona perfecta y que es mejor ser abierto y transparente sobre tus imperfecciones y debilidades. Son tan parte de ti como tus fortalezas y cualidades positivas, así que negar las primeras te resta valor como persona.

97

RENUNCIA ANTES DE QUE TE ECHEN

···

«Todos tenemos una fecha de caducidad».

Demasiados líderes se quedan más tiempo del debido y se aferran a su puesto más allá del periodo en el que fueron más eficaces e influyentes. Esta circunstancia puede dar lugar a que:

- Su visión, su forma de pensar y su estilo acaben siendo obsoletos y anticuados.
- Se vuelvan obstinados y poco dispuestos a escuchar, adaptarse y cambiar.
- Su apoyo y seguimiento disminuyan entre sus colegas.
- Se vuelvan perezosos tanto en su forma de pensar como en sus acciones.
- Los posibles sucesores se den por vencidos y renuncien.
- El negocio o la empresa atraviese dificultades y pierda el rumbo.

Es comprensible que un líder se quede en su puesto, dado que el poder puede ser adictivo. Los puestos de liderazgo pueden llegar a ser agradables y tener ventajas considerables, por lo que alcanzar un puesto de liderazgo puede ser la cima de la carrera de alguien que no tenga nada más a lo que aspirar. Además, se valoran los líderes con capacidad de resistencia que permanecen en su puesto a lo largo de diversos cambios, ciclos estratégicos y presupuestarios, etc.

No existe una fórmula mágica que ayude a saber cuándo se empieza a abusar de la hospitalidad, aunque un estudio publicado en 2013 en la *Harvard Business Review* calculó que la duración óptima del mandato de un director ejecutivo es de 4,8 años. Esto concuerda con mis propias observaciones, según las cuales la duración ideal para permanecer en un puesto de liderazgo es de entre tres y cinco años, dependiendo del nivel de antigüedad del puesto.

Además de no quedarse más tiempo del debido, los buenos líderes también saben lo importante que es irse cuando las cosas van bien, en vez de cuando los despiden, los obligan a renunciar o no les renuevan el contrato. Estas salidas son habituales y hay ejemplos muy conocidos, como el de la ex primera ministra del Reino Unido Margaret Thatcher o el de Steve Jobs tras su primera etapa como director ejecutivo de Apple.

✓ Ponlo en práctica

CAPTA LAS SEÑALES

Realiza una evaluación anual de la situación para valorar si deseas continuar en tu puesto actual y durante cuánto tiempo. Pregúntate:

- «¿Hasta qué punto sigo siendo necesario y valorado por mis jefes y colegas?».
- «¿Qué voy a aportar durante el próximo año?».
- «¿Sigo sintiéndome entusiasmado, enérgico y apasionado por desempeñar esta función?».
- «¿Hay cosas que todavía quiero aprender y lograr en este puesto?».
- «¿Hay alguna señal de peligro de la que deba ser consciente y que me pueda suponer un problema (por ejemplo, en términos de falta de orientación o estancamiento, o de que otras personas se cansen de mi estilo o se estén enemistando conmigo)?».
- «¿Qué otras oportunidades me esperan por las que ahora es el momento de seguir adelante?».

Habla en confianza con un colega, amigo o *coach* ejecutivo para compartir tus ideas y escuchar su opinión. Nadie más puede decirte qué hacer, pero estas personas pueden ayudarte a aclarar lo que estás pensando, lo que debería darte la confianza necesaria para tomar tu propia decisión sobre si continuar en tu puesto o planear renunciar o jubilarte y seguir adelante.

VETE CON ELEGANCIA

Cuando hayas decidido seguir adelante, planifica bien tu salida:

- Actualiza tu currículum y busca trabajo con discreción. Renuncia a tu empleo una vez que hayas conseguido un nuevo puesto de liderazgo, ya que es mucho más fácil impresionar a los nuevos empleadores y que te ofrezcan una nueva oportunidad mientras aún estás empleado.
- Dedica tiempo a elegir y preparar a tu sucesor, y ayúdale a estar listo para asumir el cargo cuando te vayas. Este tema se trata en el siguiente capítulo.
- Muéstrate dispuesto a trabajar durante todo el periodo de preaviso para ayudar a la empresa a realizar una transición fluida. Sin embargo, si ocupas un puesto directivo de alto rango o delicado, es posible que te pidan irte de inmediato.

98

PASA EL TESTIGO

«Solo un líder insensato abandona un cargo
sin dejar a nadie que continúe con el buen trabajo».

Aunque la mayoría de las personas que ocupan un puesto de liderazgo saben que la planificación de la sucesión es muy importante, rara vez la llevan a cabo de la manera correcta. Como resultado, muchos líderes son ascendidos, dimiten o se jubilan sin haber preparado adecuadamente a candidatos que puedan tomar el relevo. Muchos de mis clientes de *coaching* están deseosos de encontrar y formar a posibles sucesores, especialmente si se sintieron poco preparados al asumir su actual cargo de liderazgo.

Saber quién será tu sucesor y tenerlo preparado para tomar el relevo tiene ventajas muy claras:

- Puedes dedicar tiempo a prepararlo e involucrarlo en tu trabajo diario, así como ayudarle a comprender tu visión y pensamiento estratégico.

- Tu sucesor puede continuar con tu legado en lo que respecta al mantenimiento de la cultura de trabajo, visión, valores y dirección estratégica que estableciste.

- El traspaso formal de las responsabilidades será sencillo y fluido, en lugar de apresurado.

- El personal a tu cargo y otras partes interesadas podrán estar informados y acostumbrarse a la nueva persona. Esto los motivará más que tan solo conocer el nombre del nuevo jefe o mantener el puesto vacante mientras se busca al sucesor.

La planificación de la sucesión puede ser un reto por varias razones:

- Evaluar a las personas no es fácil y algunas organizaciones cuentan con sistemas de gestión del rendimiento deficientes, lo que dificulta la selección objetiva de las personas candidatas más adecuadas.

- Es posible que no haya nadie adecuado debido a una mala contratación, formación y desarrollo, o bien porque el líder ha evitado formar bien a alguien para que siga siendo indispensable (es decir, con la mentalidad de «No puedes despedirme porque soy el único capaz de dirigir el departamento»).

- Tal vez se haya estado evitando informar a las personas de que no son sucesoras potenciales, de modo que nunca se selecciona a candidato alguno ni se le proporciona el desarrollo y la exposición necesarios.

✔ Ponlo en práctica

NO PASA NADA SI UN MIEMBRO DEL EQUIPO ES MEJOR QUE TÚ

Si tienes un miembro del equipo capaz de sustituirte, considéralo un resultado positivo de tu buen liderazgo. Podrás delegar gran parte de tu trabajo en esta persona, lo que te permitirá ser más estratégico y reflexivo, además de tener más tiempo para motivar e involucrar a tu equipo y detectar problemas que, de otro modo, podrían pasarse por alto.

PLANIFICA CON ANTELACIÓN Y SÉ OBJETIVO

En colaboración con los compañeros de Recursos Humanos, define un proceso de planificación de la sucesión objetivo y transparente. Asegúrate de que los datos de los procesos de evaluación anual del rendimiento se acuerden y registren de forma clara y objetiva, ya que serán la base de las decisiones de planificación de la sucesión. En concreto, acuerda de forma objetiva con el personal:

- Los KPI, objetivos y calificaciones de rendimiento.
- El rendimiento y potencial para asumir nuevas responsabilidades.
- Las motivaciones, objetivos profesionales y aspiraciones.

Sé abierto y transparente con:

- Todo el equipo sobre cuándo puede quedar vacante tu puesto.
- Tu sucesor designado, a fin de cubrir cualquier laguna de experiencia, habilidades y comportamientos que pueda tener para que pueda ser ascendido.
- Aquellas personas que pueden aspirar a ser ascendidas a tu puesto, pero que sabes que no están preparadas. Sé sincero, aunque tus comentarios puedan molestarles.

Trata de no adoptar una mentalidad de «Que gane el mejor» y animar a dos o más personas a competir entre sí. Es una pérdida de energía, rara vez acaba bien y puede crear bandos rivales dentro del equipo. Es mucho mejor elegir a una persona como sucesora y desarrollar o encontrar puestos adecuados dentro de tu organización para las demás.

99

SIGUE LIDERANDO

«Una vez líder, siempre líder».

Las personas que lideran con éxito no dejan de hacerlo cuando recogen sus cosas y se van de la oficina al final del día. Quieren marcar la diferencia aportando sus habilidades de liderazgo a:

- Ayudar a dirigir una organización benéfica o comunitaria local.
- Ser elegidos para el ayuntamiento u otra corporación similar.
- Formar parte del consejo escolar de la escuela de sus hijos.
- Facilitar la resolución de problemas familiares, por ejemplo, a través de la creación de un fondo fiduciario.
- Organizar los boys scouts o girls scouts en su ciudad.
- Ser nombrado director no ejecutivo de una empresa local.
- Participar activamente en la gestión de un templo religioso.
- Formar parte del comité de la asociación de antiguos alumnos de tu universidad.
- Dirigir un comité o asociación de vecinos.

Los líderes pueden asumir estas funciones —ya sean remuneradas o voluntarias— por las tardes y los fines de semana, así como cuando se jubilan. Las ventajas que obtienes como líder al utilizar tus habilidades de liderazgo de esta manera son muy importantes (especialmente durante la jubilación):

- Mantienen el cerebro y el cuerpo activos durante los fines de semana y tras la jubilación.
- Se obtiene una enorme satisfacción y plenitud al proporcionar ayuda en materia de liderazgo y al ver el impacto de tus esfuerzos.
- Se obtiene un renovado sentido del propósito y significado al ser valioso más allá del simple trabajo diario.

Ahora es el momento de que pienses en cómo puedes contribuir y ejercer tu liderazgo dentro de tu comunidad durante tu tiempo libre o tu jubilación.

✔ *Ponlo en práctica*

SI PUEDES AYUDAR, AYUDA

Es posible que te sientas agotado después de una semana en la oficina y que no te apetezca ser líder de nada durante los fines de semana. Es comprensible, pero pregúntate si te conformas con no hacer nada a la vez que:

- Envías a tus hijos a una escuela en la que se enfrentan a todo tipo de retos y, sin embargo, no quieres ayudar presentándote a la junta escolar.

- Asistes a la iglesia o al templo en cuestión cada semana, consciente de los problemas económicos a los que se enfrenta, y no haces nada para ayudar.

- Contribuyes con dinero a una organización benéfica local, pero rechazas una y otra vez las solicitudes para formar parte de su junta directiva.

Como mínimo, utiliza tus habilidades de liderazgo para contribuir de alguna manera y ofrece tu ayuda de forma puntual:

- A una organización benéfica local para ayudar a reestructurar su marco de gobernanza.

- A un templo religioso para ayudar a llevar a cabo una iniciativa de recaudación de fondos con el fin de construir, por ejemplo, una nueva torre.

- Para enseñar habilidades de liderazgo y orientar a personas jóvenes desempleadas durante un trimestre en el centro comunitario local.

LIDERAR EN LA JUBILACIÓN

Si estás cerca de jubilarte, analiza cómo podrías utilizar tu experiencia en liderazgo y tu sabiduría una vez que ya no tengas un puesto a tiempo completo. Además de mantenerte activo y comprometido, es posible que disfrutes de los nuevos retos que supone liderar en entornos de trabajo y organizaciones totalmente nuevos.

1 0 0

DEJA UN LEGADO
SOSTENIBLE

«La verdadera medida de tu grandeza
proviene de lo que queda cuando te has ido».

No basta con haber sido un líder extraordinario al que tus antiguos empleados recuerdan con cariño. También debes asegurarte de que el impacto positivo de tu liderazgo permanezca mucho tiempo después de que te hayas ido. En otras palabras, lo que creas como líder debe ser duradero, en lugar de una serie de éxitos puntuales y a corto plazo.

Piensa en ti mismo como un líder cuya tarea principal es plantar semillas, regarlas y cuidarlas, y ayudarlas a crecer hasta convertirse en jóvenes árboles. Mucho después de que te hayas ido, estas pequeñas plantas se habrán convertido en imponentes árboles con raíces profundas. Para las personas que han liderado con verdadero éxito, estos árboles metafóricos incluyen cosas como:

- Crear una visión y una declaración de misión significativas para tu empresa que sigan guiando a tus colegas mucho después de que te hayas ido.

- Ser un ejemplo que deje tal impacto que tus comportamientos y mentalidad sean emulados y se conviertan en parte de los valores fundamentales y la cultura de trabajo de tu empresa.

- Asegurarte de que tu organización ha implementado las mejores prácticas en materia de cumplimiento y directrices éticas, políticas de recursos humanos y competencias de liderazgo.

- Estar estratégicamente alerta y ser lo suficientemente valiente como para impulsar el negocio hacia futuros productos, mercados, tecnologías y formas de trabajar. Tu legado será haber dejado una empresa que sigue prosperando mucho después de que sus competidores hayan desaparecido.

✓ *Ponlo en práctica*

ASEGÚRATE DE QUE TUS ACCIONES TENGAN UN IMPACTO POSITIVO CONTINUO

Antes de emprender algo, considera siempre los efectos a corto, medio y largo plazo de tus acciones y decisiones con la intención de que lo que hagas no sea solo para obtener rápidos beneficios, sino que también sea bueno a largo plazo. Puede que sea difícil conocer y medir con precisión el impacto a largo plazo y el impacto de tus acciones, pero probablemente puedas hacer una buena estimación y dejar que esto te ayude a determinar tus decisiones.

Por ejemplo, supongamos que estás pensando en introducir un nuevo proceso o sistema que reduciría los costes este año, pero que dificultaría que tu equipo completara su trabajo dentro de la jornada laboral normal, por lo que se vería obligado a trabajar horas extras cada semana. Podrías decidir no implementar la iniciativa de reducción de costes, dado el impacto continuo y a largo plazo en el equilibrio entre la vida laboral y personal y la motivación de los empleados a tu cargo.

Siempre que te enfrentes a dilemas de este tipo, pregúntate cómo quieres que te recuerden. En este ejemplo, la elección es sencilla: entre encontrar formas de reducir costes o ayudar a tu equipo a sentirse valorado, comprometido y motivado, la respuesta determinará tu legado. Elige sabiamente.

Y POR ÚLTIMO...

«Sé siempre prudente porque lo que elijas hacer, pensar y practicar cada día es la base del liderazgo que acabarás asumiendo».

Espero francamente que las ideas, los ejercicios y las sugerencias de este libro te inspiren a actuar. Espero que compartir mis propias experiencias de liderazgo y las de las personas que lideran a las que he asesorado te sirva de guía y te proporcione las herramientas necesarias para tener éxito en tu propio camino hacia el liderazgo.

Aprovecha estos 100 hábitos. Haz tus propios descubrimientos, aprende y experimenta. Crea tu propia lista que te sirva como líder.

Me encantaría seguir en contacto. Por favor, contacta conmigo en Facebook, LinkedIn, Twitter o Instagram. También puedes enviarme un correo electrónico personal a nigel@silkroadpartnership.com.

REFERENCIAS

Capítulo 6

«Best examples of B2B company mission statements». The Marketing Blender. Consultado en enero de 2020. https://themarketingblender.com/vision-mission-statements/.

Pendell, Ryan. «6 scary numbers for your organization's C-suite». Gallup. Octubre de 2018. https://gallup.com/workplace/244100/scary-numbers-organization-suite.aspx.

Capítulo 10

Zenger, Jack y Joseph Folkman. «What great listeners actually do». *Harvard Business Review*, julio de 2015, https://hbr.org/2016/07/what-great-listeners-actually-do.

Capítulo 11

Binder, Carl. «The six boxes™: A descendent of gilbert's behavior engineering mode». *Performance Improvement* 37, n.º 6 (2007). Consultado en mayo de 2019. https://doi.org/10.1002/pfi.4140370612.

Capítulo 14

«The Ken Blanchard Companies». The Ken Blanchard Companies. Consultado en enero de 2020. https://kenblanchard.com.

Capítulo 17

«Servant leadership». Wikipedia. Consultado en mayo de 2019. https://en.wikipedia.org/wiki/Servant_leadership.

«Robert K. Greenleaf». Wikipedia. Consultado en mayo de 2019. https://en.wikipedia.org/wiki/Robert_K._Greenleaf.

Capítulo 21

Friedman, Thomas L. *Thank you for Being Late*. (Nueva York: Farrar, Straus y Giroux, 2016).

Capítulo 22

«The path to IAC® certification». Certified Coach. Consultado en noviembre de 2019. https://certifiedcoach.org/certification/.

«EMCC competence framework glossary v2». Consultado en mayo de 2019. https://emcc1.app.box.com/s/geavwqnw81rn671xgg6treajoc1xvrnu.

Capítulo 23

Cameron, Kim, Carlos Mora, Trevor Leutscher y Margaret Calarco. «Effects of positive practices on organizational effectiveness». *The Journal of Applied Behavioural Science* 47, n.º 3 (2011): 266-308. Consultado en enero de 2020. https://doi.org/10.1177/0021886310395514.

Capítulo 27

«Kübler-Ross mode». Wikipedia. Consultado en mayo de 2019. https://en.wikipedia.org/wiki/K%C3%BCblerRoss_model.

Capítulo 28

«2018 Norwest CEO Journey Study». Norwest Venture Partners. Consultado en mayo de 2019. https://nvp.com/ceojourneystudy/.

Capítulo 30

Batarseh, Feras A. «2018 Norwest CEO Journey Study». *LSE Business Review*, septiembre de 2017.https://blogs.lse.ac.uk/businessreview/2017/09/20/thoughts-on-thefuture-of-human-knowledge-and-machine-intelligence.

Rosenbert, Marc. «Mark my Words: The Coming Knowledge Tusnami». *Learning Solutions*, octubre de 2017. https://learningsolutionsmag.com/articles/2468/marc-my-words-the-coming-knowledge-tsunami.

Capítulo 32

Tuckman, B. W. «Developmental sequence in small groups». *Psychological Bulletin* 63, n.º 6 (1965): 384-399. https://doi.org/10.1037/h0022100.

«Bruce Tuckman». Wikipedia. Consultado en junio de 2019. https://en.wikipedia.org/wiki/Bruce_Tuckman.

Capítulo 35

«VIA Character Strengths Assessment». VIA Institute on Character. Consultado en enero de 2020. https://viacharacter.org/.

«Clifton StrengthsFinder». Gallup. Consultado en enero de 2020. https://gallup.com/cliftonstrengths/en/254033/strengthsfinder.aspx.

Capítulo 37

Nakano, Chelsi. «Presentation Habits Presenters Don't Like to Admit». Blog de Prezi. Junio de 2016. https://blog.prezi.com/presentation-habits-presenters-dont-like-to-admit/.

TED: Ideas worth spreading, https://www.ted.com (consultado en junio de 2019).

Capítulo 44

Ray, Rebecca L. «CEO Challenges: Global Leadership Forecast 2018». DDI, 2018. https://ddiworld.com/glf2018/ceo-challenges.

Caprino, Kathy. «The Changing Face of Leadership: 10 New Research Findings All Leaders Need to

Understand». *Forbes*, febrero de 2018. https://www.forbes.com/sites/kathycaprino/2018/02/28/the-chang-ing-face-of-leadership-10-new-research-findings-all-leaders-need-to-understand/#888b28f61974.

Capítulo 45

«SMART criteria», Wikipedia. Consultado en mayo de 2019. https://en.wikipedia.org/wiki/SMART_criteria.

Capítulo 47

«Sir John Whitmore». Institute of Coaching. Consultado en julio de 2019. https://instituteofcoaching.org/sir-john-whitmore-1937-2017.

Capítulo 48

Graves, Laura M. «Effects of Leader Persistence and Environmental Complexity on Leadership

Perceptions: Do Implicit Beliefs Discourage Adaptation to Complex Environments?». *Group Organization and Management* 10, n.º 1 (1986): 19-36. https://journals.sage pub.com/doi/pdf/10.1177/105960118501000102.

Capítulo 56

Niyogi, Shyamalendu. «Impact of optimist on leadership effectiveness: a review of literature». *International Journal of Management* 8, n.º 6 (2017): 1-8. https://iaeme.com/MasterAdmin/uploadfolder/IJM_08_06_001/IJM_08_06_001.pdf.

«Thinking positively about aging extends life more than exercise and not smoking». YaleNews. Julio de 2002. https://news.yale.edu/2002/07/29/thinking-positively-about-aging-extends-life-moreexercise-and-not-smoking.

Capítulo 58

Garrett, N., S. C. Lazzaro, D. Ariely y T. Sharot. «The brain adapts to dishonesty». *Nature Neuroscience* 19, n.º 12 (2016). https://www.ncbi.nlm.nih.gov/pubmed/27775721.

Capítulo 59

Kar-Gupta, Sudip. «Fatigued Lloyds CEO takes sick leave». *Reuters,* noviembre de 2011. https://uk.reuters.com/article/uk-lloyds/fatigued-lloyds-ceo-takes-sick-leave-idUK TRE7A10Y620111102.

Capítulo 64

Saporito, Thomas J. «It's time to acknowledge CEO loneliness». *Harvard Business Review* (2012). https://hbr.org/2012/02/its-time-to-acknowledge-ceo-lo.

Capítulo 67

Responsibility assignment matrix. Wikipedia. Consultado en julio de 2019. https://en.wikipedia.org/wiki/Responsibility_assignment_matrix.

Capítulo 69

The World Is Flat. Wikipedia. Consultado en julio de 2019. https://en.wikipedia.org/wiki/The_World_Is_Flat.

Capítulo 73

Thompson, Bryant y Travis J. Simkins. «Self-oriented forgiveness and other-oriented forgiveness: Shaping high-quality exchange relationships». *Cambridge University Press Journal of Management and Organization* (2016) https://doi.org/10.1017/jmo.2016.18.

Capítulo 75

Seiter, Courtney. «7 simple methods to fight against your unconscious biases». *Fast-Company*, agosto de 2015. www.fastcompany.com/3044738/7-simple-methods-to-fight-against-your-unconscious-biases.

«About the IAT». Project Implicit. Consultado en enero de 2020. https://implicit.har vard.edu/implicit/iatdetails.html.

Capítulo 78

«Sealed with a kiss: was Obama's smooch in poor taste?». *USAToday*, noviembre de 2012. https://usatoday.com/story/dispatches/2012/11/20/obama-myanmar-kiss-etiquette-travel/1716667/.

«"Lazy Mexicans" Top Gear episode cleared by Ofcom», *The Telegraph*, abril de 2011. www.telegraph.co.uk/culture/tvandradio/bbc/8426689/Lazy-Mexicans-Top-Gear-episodecleared-by-Ofcom.html.

Capítulo 86

Peat, Jack. «More than 25% of UK workers say they have experienced workplace discrimination, survey claims», *Independent*. Septiembre de 2018. https://independent.co.uk/extras/lifestyle/uk-workersdiscrimination-office-workplace-sexismracism-ageism-a8559501.html.

Learnlight. «Learnlight Research Reveals One in Four Employees Has Experienced Workplace Discrimination». Learnlight Insights. Consultado en enero de 2020. https://insights.learnlight.com/en/articles/learnlight-research-reveals-one-in-four-employees-has-experienced-workplace-discrimination/.

Parker, Kim y Cary Funk. «Gender Discrimination comes in many forms for today's working women». Pew Research Center Fact Tank. Diciembre de 2017. https://www.pewre search.org/fact-tank/2017/12/14/gender-discrimination-comes-in-many-forms-for-todays-working-women/.

«Poll finds at least half of Black Americans say they have experienced racial discrimination in their jobs and from the police». Harvard TH Chan School of Public Health Press Release. Octubre de 2017. htpps://.hsph.harvard.edu/news/press-releases/black-americans-discrimination-work-police/.

Capítulo 89

Las investigaciones demuestran que los jefes más holgazanes generan desprecio y abusos entre los trabajadores. University of Exeter Research News. Septiembre de 2018. https://www.exeter.ac.uk/news/featurednews/title_682831_ en.html (Consultado en agosto de 2019).

Capítulo 92

Costanza, David P., Jessica M. Badger, Rebecca L. Fraser, Jamie B. Severt y Paul A. Gade. «Generational differences in work-related attitudes: a meta-analysis». *Journal of Business and Psychology* 17, n.º 4 (2012): 375-395. https://link.springer.com/article/10.1007/ s10869-012-9259-4.

Capítulo 93

Barta, Thomas y Patrick Barwise. «Why effective leaders must manage up, down, and sideways». *McKinsey Quarterly,* abril de 2017. https://www.mckinsey.com/featured-insights/leadership/why-effective-leaders-must-manageup-down-and-sideways.

Capítulo 97

Luo, Xueming, Vamsi K. Kanuri y Michelle Andrews. «Long CEO Tenure Can Hurt Performance». *Harvard Business Review,* marzo de 2013. https://hbr.org/2013/03/ long-ceo-tenure-can-hurt-performance.

Capítulo 98

Rosenthal, Jeff, Kris Routch, Kelly Monahan y Meghan Doherty. The holy grail of effective leadership succession. Deloitte Insights. Septiembre de 2018. https://www2.deloitte.com/us/en/insights/topics/leadership/effective-leadership-succession-planning.html.